メールマーケティング

嫌・・・・
わ
れ
な
い
メ
ル
マ
ガ
の
す
べ
て

Email Marketing

田中森士
三友直樹
著

エムディエヌコーポレーション

免責事項

本書に掲載した会社名、製品名、プログラム名、システム名、サービス名等は一般
に各社の商標または登録商標です。本文中では™、®は必ずしも明記していません。
本書は2023年7月現在の情報を元に執筆されたものです。これ以降の仕様等の変更
によっては、記載された内容（技術情報、固有名詞、URL、参考書籍など）と事実が異なる場
合があります。本書をご利用の結果生じた不都合や損害について、著作権者及び出
版社はいかなる責任を負いません。あらかじめご了承ください。

はじめに

　媒体数や情報の流通量が爆発的に増えて久しい。いまや人々の関心をいかにしてブランドに向け続けてもらうかが、マーケティングにおける重要なテーマの一つとなっている。

　このような状況下において、1to1コミュニケーションを実現するメールは貴重なコミュニケーション手段といえる。世の中は個人情報保護の方向に進んでおり、ファーストパーティーデータの重要性が高まっていることも、メールの価値が高まる要因の一つとなっている。ビジネスコミュニケーションのチャネルとして、メールの重要性が見直され始めているのだ。

　しかしながら、周囲を見渡すと、メールマーケティングが長期的な顧客との関係構築・売り上げ増につながっているケースは思いのほか少ない。ひとえに、メールマーケティングの本質が理解されていないからである。

　本書は、メールマーケティングの基本的な考え方やメルマガ作成のポイント、メールマーケティング事例などを解説したものである。メールマーケティングの本質的な考え方を伝えることにフォーカスし、想定読者は企業のマーケティング担当者、経営者、個人事業主とし、執筆を進めた。

　世の中は「嫌われるメルマガ」であふれている。副題の「嫌われないメルマガのすべて」には、メールマーケティングにおいては誠実なコミュニケーションが何より重要であるとのメッセージを込めた。

　「うちのビジネスはメールマーケティングと相性が良さそうだ」。本書を読んでこうお感じになった方は、ぜひ取り組んでいただきたい。本書が読者の皆様のビジネスに貢献できたなら、著者2人にとって望外の喜びである。

　最後に、本書の出版は、取材協力者や編集者、デザイナーの方々をはじめ、数多くの方々のサポートにより実現しました。ここに深く感謝の意を表します。

2023年7月　著者を代表して

田中森士

CONTENTS

Chapter

6

メルマガの実践的な運用フロー   147

Chapter

7

スパム扱いを回避するために   171

Chapter

8

事例で見るメールマーケティング   185

Chapter

1

メールという
古くて新しいチャネル

華やかなSNSとは対照的に、これまであまり目立つことが少なかったメール。しかし近年、マーケティングチャネルとしてスポットライトが当たっている。背景には何があるのか、解説する。

01 見直される メールの重要性

執筆：田中森士

ノイズの多い現代社会において、適切な人に、適切なタイミングで、適切な情報を届けることは困難を極める。救世主となるのがメールである。メールの重要性が見直されつつある背景を解説する。

平均的なビジネスパーソンの朝

平日の朝、ベッドから起きたあなたは、洗面所で顔を洗うと、歯ブラシをくわえたままおもむろにテレビのスイッチをオンにする。朝の情報番組では、前日に開催されたチョコレートメーカーの新商品発表会の様子が流れている。発表会に登場した2人組のお笑い芸人が、新商品を手に、チョコレートにまつわる思い出を披露する。CMに入ると、清涼飲料水に車、保険など、次々と15秒間のコンテンツが流される。

テレビをつけたまま朝食を摂る。右手には食パン、左手にはスマートフォン。アカウントを持っているいくつかのSNSを一通りチェックする。Twitter（現・X）のニュースフィードをスクロールする中で、様々なツイートや広告が目に入ってくる。ある企業の採用担当者のツイートが物議を醸し、炎上していることを、相互フォロワーのリツイートで知った。続いて、一日に何度も閲覧しているニュースサイトのアプリをタップ。トップ画面を見る限り、今日はエンタメ系の話題が多いようだ。

身支度を済ませ、最寄り駅まで歩く。駅周辺は看板広告だらけだ。駅の構内に入ると、今度はデジタルサイネージの光がまぶしい。近くの美術館で開催中の展覧会や、韓国の人気アイドルグループのライブといった情報が次々と表示される。

電車内は混雑しており、吊革につかまる。中吊り広告やドアにはられたステッカー広告にぼんやりと目をやる。ドアの上のモニターは、ゲー

ムソフトや不動産、業務改善ツールといったCMが延々流れている。気がつくと、右のポケットからスマホを取り出していた。今朝チェックしたばかりのSNSのアプリを再び開く。見たくもないのに。いい加減SNSにも飽きて、次はYouTubeを開く。チャンネル登録している政治系アカウントの、新しい動画を見つけた。イヤホンを装着し、夢中になって見入る。

地下鉄に乗り換え、ようやく会社に到着。片道1時間半の道のりだ。まだ何も仕事をしていないが、自席に座った頃にはすでに疲れている。情報に触れすぎて脳が疲れているのだろう。なのにパソコンを開くと、また無意識にニュースサイトを閲覧している自分がいる——。

情報を届けたい人に届かない

先述したのは、平均的な現代のビジネスパーソンが起床してから会社に到着するまで、どれだけの情報に触れているかを表したフィクションである。現代人は、多かれ少なかれこのような「情報漬け」の生活を送っている。今やタクシー車内や洗濯機にも広告が配信される時代である。メタバース空間で広告を表示させることが一般化することも予想される。**起床から就寝まで、コンテンツがどこまでも追いかけてくる。**

世の中は情報であふれている。2025年の世界のデータ総量は、175ゼタバイトに届くとする予測もある。1ゼタバイトは1兆ギガバイトに相当する。想像することが難しい、途方もない数字だ。いずれにせよ、日々、天文学的な量のコンテンツが生成され、飛び交っている。

図1 **情報があふれる現代社会**

電車　　　　　テレビ　　　　　タクシー　　　スマートフォン

広告ひとつ取っても、朝から晩まで現代人を追い回す

人間の脳の処理能力がここ10年で向上したとは考えにくい。とするならば、コンテンツを届けたい人に届けることのハードルは格段に上がっている。媒体数が限られていた一昔前と比較して、顧客や見込み顧客とのコミュニケーションは格段に難しくなっている。

　企業やブランドは、現代人の限られた可処分時間を奪い合っている。こうしたニーズを受けて、SNSプラットフォーム運営企業はコンテンツに関心を向けてもらうため、脳の報酬システムを詳しく研究している。最大限の依存性を実現するために。

　ところが最近ではこうした手法に批判が集まるようになってきた。脳をハッキングするような、ある意味で非倫理的なコミュニケーションを、倫理的な人間らしいコミュニケーションへと転換させるよう、圧力が強まっている。そう、企業やブランドのコミュニケーションのあり方を、抜本的に見直すときが訪れているのだ。

 ## メールの価値が見直されている

　これらのことを背景に、**メールというチャネル**（情報を届けるための経路）**への注目度**が格段に高まっている。

　詳しくは本章で後述するが、メールは工夫さえすれば相手の受信箱に到達する可能性が高まるし、適切にコミュニケーションを取れば広告のように相手にストレスを与えることもない。広告が跋扈（ばっこ）するチャネルが主流となっている昨今、例えばGmailアプリの受信箱を開いてみると、ノイズの少なさは群を抜いている。

　企業やブランドが、顧客や見込み顧客とのコミュニケーションで選択しがちなチャネルは、SNSである。SNSは、その設計思想からもわかるようにオープンなチャネルだ。閉じた空間で1対1のコミュニケーションを取る場面は、DMでのやり取りなど限定的である。

　一方、メールは基本的に**1to1コミュニケーションが実現するチャネル**である。メールでのやり取りに邪魔は入らない。じっくり時間をかけ

図2　メールには様々な特長がある

- 工夫をすれば相手の
受信箱に届きやすい
- 1to1コミュニケーションが可能
- ノイズが少ない
- じっくり関係を深めていける
- 配信の仕組みについては変化が少ない

て相手との関係を深めていける。

　メールには「変化が少ない」という魅力もある。詳しくは後述するが、SNSの場合、アルゴリズムのアップデートという恐ろしいイベントが存在する。企業やブランドが築き上げてきた「アセット（資産）」を、一瞬でほぼ無価値にすることすら起こりえるのだ。

　メールを用いたマーケティングは、結果が出るまで比較的時間がかかる。一見すると「デメリット」に思える。しかし、本来商売とは、**時間をかけて少しずつ顧客との信頼関係を構築していく**ものである。広告を大量に出稿して刈り取るというこれまで選択されがちだったマーケティング手段こそが、ある種異常だったのだ。つまり今メールマーケティングが見直されている事実は、マーケティングに人間らしさを取り戻そう、言い換えれば当たり前のマーケティングに回帰しようという動きなのである。

■　参考文献

・The Digitization of the World from Edge to Core – Seagate
　https://www.seagate.com/files/www-content/our-story/trends/files/idc-seagate-dataage-whitepaper.pdf
・アンデシュ・ハンセン（著）、久山葉子（訳）『スマホ脳』（新潮新書）

ここだけ理解！

情報や広告があふれる今だからこそ、
古くて新しいメールの価値が見直されている。

02 SNSの終わりが近づいている？

執筆：田中森士

SNS を活用したマーケティングは、企業にとって身近な存在だ。ところが近年、SNS に依存したマーケティングに警鐘を鳴らす動きが見られる。一体なぜか。

「SNSの終わりに備えよ」

2019年9月、米国オハイオ州クリーブランド。世界中から集まった数千人の聴衆の視線が、ステージ上の人物に向けられていた。この日開かれていたのは、世界最大級のコンテンツマーケティングのカンファレンス「コンテンツマーケティングワールド」。コンテンツマーケティング界の重鎮であるジョー・ピュリッジが、基調講演のスピーカーを務めていた。

「SNSの終わりに備えよ」。ピュリッジの衝撃的な発言に、聴衆らは息をのんだ。本書の著者である2人も例外ではない。「一体なぜだろう」。続けて表示されたスライドに、聴衆の目は釘付けになった。

2013年10月から2014年2月にかけての、Facebookのオーガニックリーチ数の推移を示した折れ線グラフ。この間、グラフの線は一気に下降していた。Facebookのアルゴリズムが変わったのだと推察される。

かつてメディア企業の多くが、Facebookを重要な流入経路と捉えていた。海外の一部地域では、特にこの傾向が顕著である。この経路がある日突然絶たれてしまったらどうなるか。実際、Facebookのアルゴリズムアップデートに大きな影響を受けたメディア企業は多かったようだ。

そもそも、SNSはユーザーのあずかり知らぬところでアルゴリズムが変更されるものである。各種SNSを使用していると、「あれ、こんな仕組みだったっけ」と思うことも度々ある。Twitterが利用規約を満たさなかったユーザーのアカウントに対し、利用制限を課すことはよく知られ

た話だ。もちろん、SNS運営企業が「世の中をよりよくしたい」という思いで取り組んでいることは言わずもがなである。とはいえ、ユーザーからすれば「改悪」「利用規約の拡大解釈」と感じてしまう場面もあろう。

我々はこれまでSNSから多大なる恩恵を受けてきた。一方で、**特にマーケティングで使用する場合は、大きなリスクも存在する**ことを肝に銘じなければならない。

 ## コントロール不可能なプラットフォームへの依存

前項で、ピュリッジのある種ショッキングな発言を紹介した。ただ、ピュリッジは何もSNS自体がこの世から消えてしまうと言っているのではない。SNSや外部ブログプラットフォームなど、**コンテンツの受け手との関係性をコントロールできない、外部プラットフォームへの依存が危険である**と指摘しているのだ。

SNSへの投稿を続けた結果、ようやく一定数のフォロワーを獲得できた。外部ブログサービスでブログ記事を執筆・投稿し続けて、サービス内のエコシステムの中で数多くのつながりができた。これらは素晴らしい結果だ。

ところがSNSのアルゴリズムが変われば、これまで届いていた投稿がフォロワーにリーチしなくなることもある。外部ブログプラットフォームは、もし運営会社の経営が厳しくなれば、サービス停止の可能性が生じる（SNSも同様のリスクがある）。これら外部プラットフォームへの依存は、オーディエンスとの関係性が劇的に変化してしまうリスクがあるわけだ。

対照的に、メールの安定感が際立つ。メール配信サービスのUIが変更されることはあれど、**メールそれ自体の仕組みが変わることはめったにない**。数十年もの間、安定的にマーケティングの重要な経路として機能し続けている。

事実ピュリッジも、基調講演の中でメールの有用性について指摘している。他方、**SNSについては「Rented land（借地）」と表現**。土地を使わせてもらう側、つまりSNSユーザーは、オーナーのルールに従わねばならないという比喩である。

 ## 「グレートライン」を目指せ

ただし、「借地」である外部プラットフォームにはメリットもある。**利用開始まで非常にスムーズだし、システムの管理は特に必要ない。**そもそも、SNSだって何だって、マーケティングのために利用できるものはすべて利用すべきではないか。そう考える方も多いだろう。

仮にあなたの会社が大企業で、潤沢なマーケティング予算と人員が確保できるのであれば、問題ないかもしれない。他方、全体の99.7％を占める中小企業にとっては、極めて危険な判断である。

ピュリッジは先述の基調講演の中で、特定の施策に注力すべきとアドバイスした。様々な施策にエネルギーを注いだからといって、結果につながるとは限らない。むしろリソースが分散されて、効果が限定的になってしまう。それよりも、**得意な施策2つ程度にリソースを集中投下して「グレートライン」、すなわち十分な結果を得ることを目指すべきである**。こうした考えに基づく主張だ。

あらゆる施策に同時に取り組み、結果どの施策も中途半端になっているケースを、筆者は実際に見てきた。国内企業のマーケティングを注意深く観察すると、外部プラットフォームばかりを活用しているケースも

図1 「借地」としてのSNS

Facebook　　Twitter　　Instagram　　LinkedIn

メリットが多いSNSだが、受け手との関係性をコントロールしきれない「借地」であることを忘れてはならない

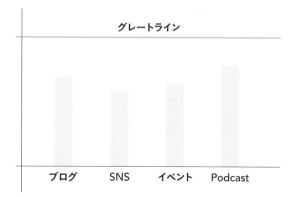

図2 グレートラインと施策数の関係性

グレートライン

ブログ　　SNS　　イベント　Podcast

様々な施策に取り組んだとしてもグレートラインには到達しない

一般的である。一方のピュリッジは、近年ニュースレターとポッドキャストに力を入れている。いずれもコントロールの主導権を握りやすいチャネルである。ニュースレターは本原稿の執筆時点で、購読者が1万人に届こうとしている。

ここだけ理解！

コンテンツの受け手との関係性を
コントロールしきれない、外部プラットフォームへの
依存はリスクが高い。

「ニーズ細分化」の時代だからこそ

執筆：田中森士

消費者のニーズが細分化している。必要となるのがパーソナライゼーションの発想だ。実は、パーソナライゼーションが前提となるメールマーケティングも存在する。

求められるパーソナライゼーションの視点

　一人暮らしを送る「単独世帯」が増えている。世帯の家族類型別でみると、「単独世帯」は2,115万1千世帯で、全体に占める割合が38.1%に達した[※1]。単独世帯の数は2015年から14.8%増えており、全体に占める割合も3.5ポイント上昇している。

　このことを念頭に、大前研一は「従来のマーケティングが通用しない市場が拡大していく」と指摘。その上で、**事業者が「マス」の発想ではなく「パーソナル」の発想に転換する**ことの重要性を訴える[※2]。いわゆる「パーソナライゼーション」の視点であり、SNSやニュース配信サービス、ECプラットフォームなどすでに取り組んでいるケースは枚挙にいとまがない。

　私たち消費者もAIを活用するなどしたパーソナライゼーションに慣れきっている。買い物しようとAmazonのトップページを開いたとしよう。するとおすすめ商品が目に入る。そういえばストックが切れていたな。あれ、こんなおもしろそうな本があったんだ。気がつけばカートにいくつもの商品が入っていた――。こんな経験をお持ちの方は多いだろ

※1　「令和2年国勢調査　人口等基本集計結果　結果の概要」より
※2　『プレジデント』2022年11月18日号「大前研一の日本のカラクリ『4割が単独世帯』のソロ社会で急成長する会社、潰れる会社」

う。Amazonはどんな販売員よりもあなたの嗜好を把握しているといっても過言ではない。

　SNSやニュース配信サービスでは、個々人の興味関心に応じて、流れてくる情報は変化する。**「ニーズ細分化」の時代において、パーソナライゼーションは必須の視点**といえる。

✉ 購読者のエンゲージメントを高めよ

　メールマーケティングには大きく2種類がある。それぞれによさがあり、また本質的には同じメールマーケティングといえる。

1 テーマを定め極めて有益な内容をメルマガ方式で一斉配信するもの

2 マーケティングオートメーション（MA）ツールを活用し、パーソナライズしたメールを自動配信するもの

　このうち、**2** についてはパーソナライゼーションが前提となる。単に「○○様」と本文冒頭に宛名を入れたとしても、それはパーソナライゼーションと呼べない。購読者のリストを属性データや行動データで分類する。それぞれのセグメントに対し、適切なタイミングで、おすすめ商品や特別オファーといったコンテンツをメール配信する。こういったことが必要となる。**適切なカスタムメイドのメールが届けば、購読者のエンゲージメントは高まる。**

　メールマーケティングにおける購読者は、「この企業（ブランド）とつながりたい」「情報が欲しい」と考え、**自ら進んで個人情報を提供してくれた人々**である。関係構築を望んでいる人々ともいえよう。個人のニーズが多様化する現代において、消費者は個人情報を活用したパーソナライゼーションを「顧客体験の向上」と感じてくれるだろう。

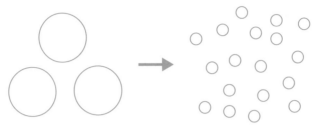

図1 マスからパーソナルへ

時代を追うごとに消費者のニーズが細分化していっている

細分化するニーズに適した
カスタムメイドのメールが届けば、
購読者のエンゲージメントは高まる。

04 加速するプライバシー保護の流れ

執筆：田中森士

プライバシーを守ろうという気運が高まり続けている。サードパーティークッキーの規制を強める動きがあり、既存のマーケティング手法が使えなくなる未来が予想される。

個人情報保護とサードパーティークッキー

　マーケティング業界は、パーソナライゼーションの名の下、Web上におけるユーザーの行動データを収集してきた。その際、活躍したのが「サードパーティー※1クッキー」と呼ばれる識別子であった。**第三者である別の企業が発行したクッキーを、広告企業などが利用できる仕組み**である。追跡型広告もサードパーティークッキーを活用している。

　ところが、個人情報保護への関心の高まりなどから、Googleは、Webブラウザ「Google Chrome(グーグルクローム)」でサードパーティークッキーのサポートを中止すると表明。米国Apple社は、同社のWebブラウザ「Safari(サファリ)」においてサードパーティークッキーをすべてブロックしている。

　自社サイトで「私たちは、全力であなたのデータを守ります」と宣言するAppleの対策はさらに進んでいる。サードパーティークッキーだけでなく、アプリで行動データを収集するにも、ユーザーの許可が必須となった。

　同社が公開しているPDF資料「あなたのデータの一日」は、各企業がどのような行動データをどのように収集しているのかを、イラスト

※1　当事者を「ファーストパーティー」、相手方を「セカンドパーティー」と呼ぶのに対し、「サードパーティー」とは第三者の企業、機関、団体などを指す。

図1　Apple社によるデータプライバシーに関する啓発レポート

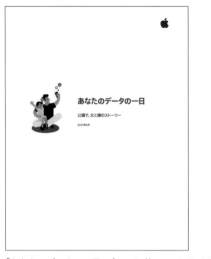

「あなたのデータの一日」（Apple 社の Web サイトより）
https://www.apple.com/jp/privacy/docs/A_Day_in_the_Life_of_Your_Data_J.pdf

とストーリーで説明した力作である。1つのアプリに平均6つのトラッカーが組み込まれていることや、データブローカーが個人情報を収集・売却していることなど、背筋が寒くなるような事実が紹介されている。Appleが顧客の個人情報を守ろうとしていることがよくわかる。

　事業者によっては、ユーザーにはっきり認識させない形で、個人情報を収集・活用しているケースもあるわけで、個人情報保護の観点で当然のこととしもいえる。

✉ サードパーティークッキーなき世界

　サードパーティークッキー規制の強化は、広告やマーケティングといった業界に大きな影響を与える。なぜなら**サードパーティークッキーで収集した情報によって、追跡型広告やパーソナライゼーションが実現**していた側面もあるからだ。

　「脱サードパーティークッキー」を旗印に、マーケティングテクノロ

ジーやアドテクノロジーの企業は、新しい技術を開発しようと躍起になっている。ただ、執筆時点では革新的かつ実用性の高い技術が生まれている様子はない。これまでサードパーティークッキーがプライバシーの犠牲の上に成り立っていたことがうかがえる。

勝手に個人情報が活用されていることに気づいたなら誰しも「気持ち悪い」と感じる。企業の信用は失われ、業績にも響く。それにそもそも、企業が倫理的なマーケティングに取り組むことは当然のことだ。**個人情報の正しい活用は、企業に課せられた責務**といえよう。

ファーストパーティーデータとメールマーケティング

「脱サードパーティークッキー」の文脈で注目を集めるのが**ファーストパーティーデータ**である。自社で適正な方法で収集した利用可能なデータのことで、第三者である別の企業が収集したデータとは対極に位置する。

今後サードパーティークッキーの規制強化が予想されるなか、ファーストパーティーデータの収集は、企業にとって喫緊の課題である。今後追跡型広告の精度は落ち、情報の分析も困難となる。デジタルマーケターは手足を縛られた状態となろう。ファーストパーティーデータを収集する以外に、残された道は少ない。

一般に、自社サービス利用者のファーストパーティーデータをすでに入手しているケースが大半であろう。一方、**潜在顧客は必ずしもそうとはいえない。**

潜在顧客層からファーストパーティーデータを得るためには、企業からのメール配信を希望する、購読者となってもらうのが自然な流れだ。事実、数多くの企業や個人がそうやってファーストパーティーデータを獲得している。

メールマーケティングはファーストパーティーデータ収集の導線を設計しやすく、またファーストパーティーデータの活用方法としても理想

図2 運用型広告などに利用されてきたサードパーティークッキー

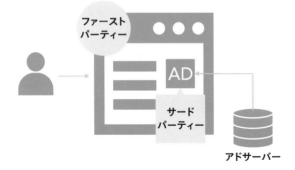

的である。プライバシー保護の流れは今後加速することはあれど、弱まることはない。メールマーケティングに取り組むことは、プライバシー関連法規と上手に付き合うことにもつながる。

05 高まる欧米での注目度

執筆：田中森士

日本では注目度が必ずしも高くないメールマーケティングだが、欧米では熱い視線が送られている。欧米の「地殻変動」を解説する。

「オーディエンスとの関係を自分のものにする」

筆者は2022年6月と11月、欧州に滞在し、テクノロジーやマーケティング関連のカンファレンスに参加した。マーケティングをテーマにしたセッションを中心に聴講したのだが、SNSマーケティングが話題に上ることが驚くほど少なかった。TikTokを活用したマーケティングに関するセッションがいくつかあった程度だ。

他方、今回参加したカンファレンスにおいて、オーディエンスと直接つながることの重要性は様々な場面で語られた。

同年11月にポルトガル・リスボンで開かれたテクノロジーのカンファレンス「ウェブサミット」で登壇した、米ニュースサイト「Axios(アクシオス)」発行人のニコラス・ジョンストンは、メディア企業がSNSに依存してきたことを念頭に、「ニュースビジネスの収益化を考える上で重要なのは、オーディエンスとの関係を自分のものにすることだ」と指摘。プラットフォームのアルゴリズム変更に影響を受けずに**コミュニケーションできるメールの有効性**を訴えた。

同月、英国ロンドンで開かれた旅行産業のカンファレンス「ワールドトラベルマーケット」では、LinkedInのアドバイザリーボードメンバーで、スピーカーやトレーナーとしても活躍するマーカス・マーフィーが「トラベルマーケティングの未来」と題して登壇。「人々(消費者)は解決策を探している」とした上で、購読者を集め、彼らが持つ悩みや課題の

図1 ポルトガルのリスボンで開催されたウェブサミット（筆者撮影）

解決策を提供する「**ファンタスティックなニュースレター**」を送ることで、マーケティングは「うまくいくだろう」と断言した。

　欧州滞在中に出会った多くのマーケターらも、メールマーケティングの重要性を深く理解していた。メールに回帰しようという流れが加速している。インフレにリセッション、ロシアによるウクライナ侵攻。欧州に滞在すると体感できるのだが、現地では社会不安が高まっている。加えて、パンデミックで減った対面営業の数は、完全には元に戻らないであろう。

　日本も似たような状況下にあり、安心感を与えるコミュニケーションが求められる。日本において、今後メールへの注目度は加速度的に高まっていくだろう。

✅ 目に見える結果につながるまで、少なくとも18カ月

　かつて主流だった刈り取り型のマーケティングとは対照的に、腰を据えてオーディエンスとの関係性を構築していくメールマーケティングに爆発力はない。**結果につながるまで時間がかかる**。すぐに結果が見えるマーケティングに慣れきった日本企業にとって、これは耐えがたいこと

であろう。

　一方で、欧米のコンテンツマーケティング業界においては、長期的視点が常識となりつつある。例えば、コンテンツマーケティングに取り組み始めてから、目に見える結果につながるまで、少なくとも18カ月かかるという考えが主流だ。

　特に検討期間が長い商材の場合、消費者との関係性を維持する必要がある。そのためには、メルマガ（ニュースレター）の登録に誘導し、定期的にメッセージを届けるやり方が確実といえる。長期に渡る関係性維持は、企業やブランドに対する深い理解へとつながる。追跡型広告で衝動買いを誘発するのと比べ、クレームも少なくなろう。

　欧米のマーケティング業界におけるメール回帰というある種の「地殻変動」。この動きが加速することはあれど、収まることはないだろう。

 ## オープンな場からクローズドな場へ

　日本では「SNSのフォロワー〇人に到達しました！」という投稿をよく目にする。一方、欧米ではこうした投稿はあまり目立たない。**SNSのフォロワーよりも、購読者に重きが置かれる**ようになったからだ。欧米では例えば「購読者が1万人に達しました！」という文言が、ニュースレターやブログ記事、SNSの投稿で紹介されることが多い。マーケティング業界のプレーヤーらは、**SNSからメールという「閉じた世界」へ**とせっせと引っ越しを始めているのだ。

　オープンな場からクローズドな場へ。筆者もこの流れを感じるようになった。欧米のプロスポーツ業界は、メールマーケティングに力を入れており、オーディエンスビルディングに成功している。顧客化したオーディエンスは、当然試合会場に足を運ぶことになる。メールという閉じた世界と、試合会場というオフラインの世界を行ったり来たりするわけだ。ビジネスが成り立つのであれば、リスクとコストが生じるオープンな場にわざわざ飛び出す必要はない。

図2　サブスクライバーヒエラルキー[2]

 Membership

 Email Newsletter

 Print Subscribers

 Podcast Subscribers

 Twitter **フォロワー**

▶ YouTube **フォロワー**

⋮　　　　⋮

サブスクライバーの重要度はチャネルによって異なる

　ジョー・ピュリッジが紹介する「サブスクライバーヒエラルキー」は、サブスクライバー[1]のコントロールのしやすさを図示したものだ。これを見る限り、メールは上位に位置する。コントロール可能なメールは、コミュニケーションチャネルとしても優れているのだ。

ここだけ理解！

欧米のコンテンツマーケティング業界では、SNSからメール回帰への流れが加速している。

※1　定期的に情報を受け取ることに同意した人。
※2　図2は以下の書籍に収録されている図を参考に、著者が要約したもの。
　　　Joe Pulizzi, Brian W. Piper: *Epic Content Marketing, Second Edition: Break through the Clutter with a Different Story, Get the Most Out of Your Content, and Build a Community in Web3*, McGraw-Hill, 2023.

マーケティングに不可欠なメール

執筆：田中森士

「今さらメール？」と思われる方も多いかもしれない。しかし、実はマーケティングにおけるコミュニケーション手段として、メールは今も昔も当たり前の存在であった。

そもそもマーケティングに組み込まれていた

筆者はこれまでに2019年10月と2021年9月の2回、国内でメールマーケティングのイベントを企画・開催している。前者は対面イベント、後者はオンラインイベントとして企画し、いずれも参加者からは好意的な感想が寄せられた。マーケティングテクノロジーが進化し続けている現代において、**「今さらメール？」というのが参加者らの本音だった**であろう。しかし、イベント内でていねいに説明していくうちに、**購読者の価値とメールの有用性**を理解してもらえたようだ。

2019年のイベントタイトルは、「今、メールが熱い。古くて新しいコンテンツマーケティングの最強チャネル」とした。「古くて新しい」には、今こそメールに光を当てようという思いを込めた。同時に、メールがそもそもあらゆるマーケティングに組み込まれている点を強調したかった。

MAツールをはじめとするマーケティングテクノロジーツールを使用する際、大抵コミュニケーション手段はメールとなる。BtoBの世界では、今も昔もメールでのコミュニケーションが主流であり、マーケティングに欠かせないチャネルである。BtoCでも、アプリ内のメッセージやお知らせの機能とともに、メールが重要な情報伝達手段として活用されてきた。つまり、**そもそもメールはマーケティングにおいて不可欠なチャネル**だったのだ。

では、なぜメールが注目されてこなかったのか。それは、**日々生まれる新メソッドや新テクノロジーに人々が飛びついてしまいがち**だからだ。新しいマーケティングテクノロジーが生まれると、人々は「魔法の杖」であることを期待する。きっと莫大な収益をもたらしてくれるのだと。

　期待するのは自由だが、現実は異なる。商品とブランド、マーケティング戦略がしっかりしていなければ、どんなメソッドやツールも効果を発揮しない。新しいものに飛びつく行為は、課題を棚上げすることにもつながり、むしろ危険なのだ。

　他方、インターネット黎明期からすれば、メール関連テクノロジーやメソッドも進化している。ツールを使用すれば、リストの管理やニュースレター制作にかかる時間も一昔前に比べれば少なくて済む。**単なるメルマガ配信からメールマーケティングへと昇華させる**には、今が絶好のタイミングといえよう。

ここだけ理解！

メソッドやテクノロジーが
"新しい"というだけで
「魔法の杖」となることはない。

Chapter

2

メールマーケティング
を行う前に

メールマーケティングをうまく進めるには、まずチャネルと
してのメールの特徴を理解することが重要。また、そもそも
メールマーケティングの必要性も判断したい。ポイントは達
成したい目的だけでなく、制約も考えること。

01 メールという
チャネルの特性

執筆：三友直樹

メールは癖があるチャネルだ。マス広告や SNS のように広い周知には使いづらい。しかし限られた空間で閲覧されるからこそ、近しい距離感でやり取りできる。一方でより繊細なコミュニケーションも必要になる。

企業のメルマガは、なぜ嫌われる？

この書籍の副題は「嫌われないメルマガのすべて」としている。嫌われないためにやるというのは目的としては後ろ向きすぎる、視点が他者ではなく自分に向いてしまっているのもよろしくない、と感じる読者もいるかもしれない。

しかし、メールマーケティングのやり方を考える出発点としては、ちょうどよい加減だろう。なにしろ**購読者にいとも簡単に嫌われてしまうメルマガは少なくない**から。筆者も含めて多くの人がリアリティを感じやすい観点ではないかと思う。

「メルマガがうっとおしい」「興味のないメールが大量に送られてくる」。

企業から届くメールに関するこうした不快な思いは、誰しも経験したことがあるだろう。「毎週届く、あのメルマガが待ち遠しい」といったポジティブな体験よりも、はるかに多いはずだ。

メールの受信箱はある種とてもプライベートな空間。**自身の趣味嗜好や個人情報であふれている**。SNS のタイムラインを人に見せることよりも、メールの受信箱をさらすほうが抵抗がある、というのが一般的な感覚ではないだろうか。

そんなプライベートな空間に、覚えのない企業から興味のない内容のメールが投げ込まれる。これはいわば、自分の部屋に土足で踏み込まれる感覚に近しいものがある。だから本来であれば、よほど自分の興味関心にマッ

チしたメルマガでなければ、わざわざ個人情報を残してまで購読したくない。SNSアカウントのフォローよりも、ハードルは高くなりやすいだろう。

しかしそうした購読ハードルを手軽にスキップしたいがために、購読を同意するチェックボタンをわかりづらく紛れ込ませる、といった企業も少なくない。「購読した覚えのないメールがなぜか届く」というありがちな事態にもつながる。

かくして**「企業メール＝うざい」という心象が、より強化されてしまう**ことになる。

✉ SNSより距離感が近いメール

購読者が感じるこうしたフラストレーションは、メールというチャネルの特性によるところも大きい。つまり自身の受信箱という、プライバシー性が高い空間で情報を受け取る、受け取るためには個人情報を提出する必要がある、といったある種の**距離感の近さ**だ。距離感が近いということは、それだけ**繊細なコミュニケーションが求められる**ことになる。

これがSNSであれば、メールほどセンシティブな個人情報が飛び交うことがなく、アカウント同士のやり取りも周囲の目に入る形で行われることも多い。そのため、もう少し公共空間のような趣きがある。

図1　発信者と受信者のつながり方の違い

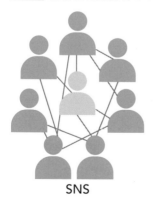

SNS

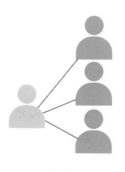

メール

また企業アカウントのフォローやアンフォローもより手軽にできるし、個々の投稿の表示有無は、ユーザーの興味関心度合いなどによってアルゴリズムで調整される。そういう意味では、メールと比べると発信者と受信者の間の距離感が保たれていると言える。

　「企業メール＝うざい」問題の一因が距離感の近さであれば、裏返せばやり方次第でメリットに転換できるということ。相手と**近しい距離感で情報を発信**したい、時に**双方向のやり取り**もしたい、といった取り組みは、まさに多くの企業が求めるマーケティング手段だからだ。もちろん購読者としても、自身が求める情報であればウェルカムだろう。

ここだけ理解！

「距離感の近さ」というメールの特性が、
時間をかけて、ていねいに関係を築く
マーケティングに向いている。

メールマーケティングの
カギは相互理解

執筆：三友直樹

メールというチャネルは、距離感の近さゆえに、相手のニーズを理解することがより
求められる。ただ最終的には購読者からの理解や信頼も得なければならない。

 ## 購読者のニーズに合った情報を提供する

　書籍や長大なブログ記事などに比べて、文字量が少ないという点では、
個々のメルマガ制作はそれほど、たいへんではないように見える。では、
メルマガの制作は手軽にできるかといえば、もちろんそうではない。

　メルマガを購読し続けてもらうには、当然ながらそれ相応の情報発信
が必要になる。購読者にしてみれば、**よほど自身のニーズに合った内容**
でなければ、わざわざ購読しない。フォームを入力する手間や、個人情
報を企業に渡すことによるリスクもある。また自分の「プライベート空
間」であるメールボックスを不要な情報で氾濫させたくはない。

　「こういう情報がほしかった。検索やSNSでは中々見つからなさそう
だ」「この配信者の情報を見逃したくない」。メルマガを通じて購読を促
進するには、そう思ってもらえるのが理想だ。

　そのためには、**購読者たちのニーズに対する高い解像度**が必須だ。前
節で述べたような近い距離感でのコミュニケーションになるだけに、な
おさらだろう。

 ## 購読者からの理解も必要

　メールマーケティングのプロセスでは、相手を理解する必要性が発生
する。この話は、配信者側だけに当てはまるわけではない。**受け手であ**

る購読者にとっても同じだ。メールを通して最終的に申込みや購買といった何らかのアクションを促すためには、購読者から配信者側への理解が何らか必要になる。

どんな企業や個人が配信しているのか？　目的は？　プロダクトの特徴は？　といった具合に。さらに価格が高額などの理由で、より慎重な検討が求められる場合は、単なる理解にとどまらず信頼が必要になる場合もあるだろう。

つまりメールマーケティングの取り組みが進むということは、**配信者と購読者の相互理解が深まっている**ことを意味する。

購読者は適切なコンテンツを受け取る代わりに、自身に関する情報を配信者に提供する。例えば購読者がフォームに入力した属性データや、Web上での閲覧行動によって発生した行動データといった形で。こうして得たデータや情報を元に、配信者はより適切なコンテンツを届けられるよう施策を改善していく。すると、当初は目先のコンテンツに向いていた購読者の興味関心は、徐々に配信者へと向かっていく。

こうしたサイクルが回り出したら、メールマーケティングがうまく進んでいる証だ。

 プランニング・制作パートの概要

では、メールマーケティングをうまく進めるカギとなるのが相互理解であるならば、配信者は購読者の何を理解する必要があるのか？　また配信者は何を理解してもらう必要があるのか？　これが筆者が執筆する、メールマーケティングのプランニング・制作を扱ったChapter3〜5の大きなテーマとなる。

ここで、本書のChapter3〜5の概要を説明する。

Chapter3のテーマ

購読者ニーズに合った情報を提供する必要があるとはいっても、それ

が現実的には難しいから「嫌われるメルマガ」が出てきてしまうことを考慮すると、もう少し踏み込んで説明しないといけないだろう。

この点については、次のChapter3（→P.45〜）で解説する。購読者ニーズを理解して、より適切なコンテンツを制作する。そのためには、性別・年代や職業といった属性データをかき集めるだけでは足りない。**相手の困りごとを具体的にイメージできないからだ。**

「困りごとが○○ならば、必要なコンテンツはこう作るべき」とイメージでき得るためのポイントは、まず**相手の購買行動の種類を把握する**こと。購買行動とは、購入を決める際の情報収集や検討方法の特徴を指す。

例えば、BtoBプロダクトのような高額商材であれば、当然ながら時間をかけた念入りな検討が発生しやすい。検討者が感じる不安を解消しつつ、信頼してもらえるような訴求が有効になる。求められる情報量も多いだろう。しかし、大量の情報を自身で消化して検討するだけの動機や能力がない、面倒に感じる、だから詳しい誰かに頼りたい、といった類の購買行動を示す相手であれば、メール配信のポイントも変わってくる。

こうした購買行動の種類は、一般的に「高関与」と「低関与」という2つに分けられることも多いが、本書では4分類を前提に話を進めていく。

Chapter4・5のテーマ

一方で、仮に購読者に満足してもらえるメルマガ配信を実現できたとしても、**最終的に自社の成果につながるかどうかは別の話。**

時間をかけて購読者を増やしたが、販売貢献までには至らなかった、というケースも往々にしてある（相手に貢献できればそれで十分、という施策であれば問題ないけれども）。例えば、プロダクト情報にまだ関心がないニーズ潜在層向けにお役立ち情報を配信した、それによってお役立ち情報目的の購読者は増えたが、プロダクトの購買にはあまりつながらなかった、といった場合だ。

これを避けるためには、例え潜在層向けのコンテンツであっても、自

社ビジネスの強みが伝わらなければならない。具体的には、「こんなビジネスをしています、だからこそ○○なコンテンツを作れるんです」というストーリーが成立するテーマを選ぶ必要がある。これについてはChapter4(→P.75〜)で解説する。

そして、Chapter5(→P.97〜)では、メールの制作方法を事例と共に紹介。購買行動のタイプごとに、訴求や制作のポイントを解説する。

総じていうと、いかに購読者に満足してもらえる情報を発信しつつ、自社の成果にもつなげるか？ **端的に言えばGive&Takeの両立**。これがメールマーケティングでは課題になりやすい。中長期的な取り組みになるだけに、まずは実施する目的を明確にしながら、施策の必要性をしっかり検討しよう。

ここだけ理解！

購読者へのGiveにつなげるには、
「"あなた"に向けたコンテンツ」と
感じさせる意思や工夫が大切。

メールマーケティングを
やるべき条件とは？

執筆：三友直樹

「うちの会社（プロダクト）は、メールマーケティングを実施する余地がありそうだ」。
こうした判断は、何を基準にするとよいのだろう？ 判断のポイントを見ていく。

有効な手段、目的と制約で考える

　メールマーケティングを行うか否かを考える上での大枠に、まず**そも
そものマーケティングの目的**と、それを**実現する上での制約**がある。こ
の2つを考慮した上で、自社の貴重なリソースをメールマーケティング
に割く価値があるかを検討するのがよいだろう。

　まず目的だ。一般的にメールマーケティングは、**申込みや購買など、
特定のアクションを促したい場合に実施する**ことが多い。メールマーケ
ティングには、すでに自社を認知してくれている購読者とやり取りでき
る距離感の近さや、配信者が望むタイミングでコンテンツを発信でき
る、といった特徴があるからだ。

　しかし単にアクションを促すという目的だけで考えると、リスティン
グ広告やSNS広告なども選択肢に入る。むしろメールマーケティング
では購読者をコツコツと積み上げたり、定期的にコンテンツ発信したり
といった手間や時間がかかることを考えると、Web広告のほうが費用対
効果がよいことも多々ある。

　そこで**マーケティング施策における制約も考慮する**。目的を実現する
にあたって次の3つのような制約がある場合は、Web広告のような短期
施策が難しくなってくる。そのため手間暇と時間をかけてメールマーケ
ティングを実施する余地が大きい。

- 見込み客の集客負担が大きい（そのため自社リストを築くメリットが大きい）
- 集客から販売貢献までに時間がかかる（ナーチャリング※1の必要性が高い）
- 繰り返し購入してもらう必要がある（定期的な接触の必要性が高い）

図1 目的と制約によって有効なチャネルを絞り込む

目的だけでは
有効な手段を絞りづらい

制約も考慮することで
選択肢を絞ることができる

 見込み客の集客負担が大きい場合

　集客の手段として、広告を使って手軽に集客できるのであれば、一番手っ取り早い。費用はかかるかもしれないが、時間や手間をかけて数多くのコンテンツを作る必要はなくなる。

　しかし、広告など外部媒体からの集客が難しいケースもある。例えば商材ジャンルがニッチなため、**効率的に見込み客と接触できる広告手段が限られる**、といった場合だ。

　このような状況で、毎回ゼロから集客するのは非常に負担が大きい。そのため日頃から自社が**見込み客とつながっておける場をつくる必要性は高くなりやすい**だろう。

　特にBtoB商材ではこのケースが多い。また消費者の価値観や望みが

※1　顧客の育成。まだ購入には至っていない見込み客を購入する状態に、あるいは既存顧客をリピーターにと、段階を踏んで育成してくためのマーケティング活動。

細分化されている今では、BtoC商材でも多々当てはまるだろう。

　その場合は、自社が求める**見込み客といつでも接触できる場**を自分たちで作る必要がある。購読者と配信者という形でつながり続けられるメールは、有効な手段の一つになる。もちろんクローズドな環境であるメールだけ用意しても誰も来ないため、オウンドメディアやSNS、イベントなどの集客手段とセットで考える必要がある。

　他社が用意した媒体や広告で一網打尽にするのではない。**顧客になり得る人たちだけが集まる場を自分たちでコツコツと作り上げる**、という「テーラーメイドのやり方」といえる。

図2 自社が望むターゲット層と接触できる場をコツコツ作り上げる

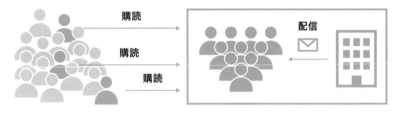

 定期的に接触する必要性が高い場合

　さらに、メールマーケティングの必要性を判断する軸はもう一つある。見込み客や顧客と**定期的に接触する必要性が高い**場合だ。つまり先ほど挙げた3つの制約のうち、次の2つが当てはまるケースになる。

- 集客から販売貢献までに時間がかかる（ナーチャリングの必要性が高い）
- 繰り返し購入してもらう必要がある（定期的な接触の必要性が高い）

　もちろん定期的に接触できる手段は、メールだけではない。商材特徴やターゲット層などによっては、InstagramやTwitterといったSNSのほうが適切なケースもあるだろう。

どちらが優れているかが論点ではないが、定期的な接触手段としての両者をあえて比較するとすれば、メールには次のような特長がある。

- 配信先に関するデータを取得しやすい
- 配信先や配信のタイミングをコントロールしやすい

メールであれば、**誰がどのメールをいつ開封したかといった行動データ**を取れる。SNSではここまで詳細なデータは取得しづらい。

またメールであれば、**どの購読者にいつ配信するか**、といったコントロールもより柔軟にできる。一方でSNSの投稿がいつ誰に表示されるかは、プラットフォーム側のアルゴリズムに左右されてしまう。

 ## メールマーケティングの必要性を見定めるには

このように、自社にとってのメールマーケティングの必要性を考えるために、以下の2軸で考える。

- 集客時：見込み客の集客負担は大きいか？
- 集客後：定期的に接触する必要性があるか？

そうするとメールマーケティングの必要性や優先順位を整理しやすい。

見込み客獲得の手段が限定的・集客負担が大きいケース ──

一般的にメールマーケティングの必要性が最も高いといえるのは、図3の右上の象限だろう。つまり比較的手軽に**見込み客を獲得できる集客手段が、何らかの理由で限られる**。もしくは手段はあるものの、**費用面などで集客負担が大きい**（縦軸）。

図3 メールマーケティング施策の必要性を検討する4象限

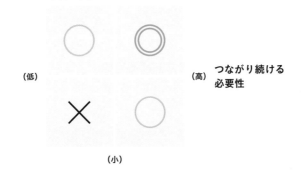

集客の負担（大）

（低）　　　　　（高）つながり続ける
　　　　　　　　　　　　　必要性

（小）

　さらに集客後の購買検討に時間がかかる、などの要因があるため、日頃から自社の見込み客や顧客とつながり続けておきたい、というモチベーションも高くなる状況（横軸）にある場合だ。

　例えば市場規模が限られる、かつ購買検討に時間がかかる類が多いBtoB商材は一例だろう。

購買層とつながり続ける必要性が高いケース

　右下の象限は、つながり続ける必要性は高いが、集客負担はそれほど高くない、という場合。

　例えば、自社商材に関連する検索キーワードが比較的多いため、広告やSEOによって集客できる余地は大きい。しかし高額な商材のため購買まで一定の時間がかかる、もしくは単価が低い商材を繰り返し買ってもらいたい、といった理由で**つながり続ける必要性は高い**、という場合だ。

集客負担が大きいが、つながり続ける必要性は高くないケース

　左上の象限は、集客負担は大きいが、つながり続ける必要性は必ずしも高くない、というケース。 例えば、商材単価が安いため購買検討に時間はかからず、集客からコンバージョンまでの時間軸も短い。だから

「**つながり続ける必要性**」は高くない。しかし商材単価が安い分、まとまった売り上げを担保するためにそれなりの集客数を確保する必要がある（**集客負担が大きい**）、といったケースだ。この象限に当てはまりやすいプロダクトの一つに、マッチングサービスがある。

この場合でも、**広告費の負荷を下げる目的**で、メールマーケティングを検討する余地はあるはずだ。

見込み客や顧客との中長期的な関係性が必要か？

自社の場合はどの象限に当てはまりそうだろうか？ ここで説明した集客負担やつながり続ける必要性について、どの企業にも当てはまる客観的な基準があるわけではない。あくまで自社にとってはどうか、という判断になる。いずれにしても、自社の見込み客や顧客と**中長期的な関係性を築いていく必要があるか**、という判断に集約されそうだ。

しかし適切なメールマーケティング施策を考えるために、こうした検討だけではまだ不十分だ。あくまで集客負担などを踏まえて、自社の都合を整理したに過ぎないからだ。さらにコンテンツの受け手の都合も考える必要がある。相手はメールによる継続的な情報発信を求めているだろうか？ 求めているならどのような内容だろうか？

Chapter3では、適切なメールマーケティング施策を導き出すための顧客理解の方法を整理する。

ここだけ理解！

**メールマーケティングを行うべきかを
判断するポイントは、見込み客の集客負担と
定期接触の必要性。**

3

購読者の
「解像度」を上げる

マーケティングには顧客理解が重要とよくいわれるが、どうす
ると理解したことになるのか？ コンテンツ制作が目的であれ
ば、「必要なコンテンツがイメージできる」という感覚を持て
るかが大切。そのために理解すべきは、「購買検討行動」だ。

01 PDCA施策に 意図を込める

執筆：三友直樹

「メルマガの開封率やクリック率を上げるには？」「読まれる文章を書くには？」「適切な CTA とは？」──。そういったクリエイティブの個別具体的な話に入る前に、メルマガの設計フェーズについて説明していこう。

購読者の心を動かす施策やクリエイティブとは

　個々のメルマガを作ること自体は、そんなに難しくはないと感じる方もいるだろう。しかし、それらしく見えるだけのクリエイティブで、果たして相手を動かすことができるだろうか。

　「このメルマガはもっとこうしたほうがよいですよ」と購読者が親切に教えてくれるわけではない。うまくいかない原因が、メルマガの数値だけで明確にわかるとも限らない。だから仮説を持ちながら、自分たちで試行錯誤することが重要だ。

　つまり成り行きや感覚だけで取り組むのではなく、**施策やクリエイティブに意図が込められている状態が理想**だといえよう。そのための問いや仮説を日々意識していないと、仮に目の前に答えやヒントが現れたとしても、気づかず見逃してしまうかもしれない。

　意図が込められているということは、施策の背景や理由を説明できるということ。クリエイティブも同様だ。例えばメルマガの文章量やCTA の内容などについて、ターゲットニーズや自社の狙いなどと紐づけて説明できるだろうか？

　まだ検証し切れていない仮説の状態でも構わない。検証すべき仮説があってはじめて、PDCA を回すためのより所ができる。

　幸い個々のメールは比較的手軽に作りやすい。しかも対象となるのは、自分の個人情報を差し出してメルマガを購読するという手間をかけ

てくれた人たち。つまり**自社に対する興味関心が比較的高いとみなせる購読者たち**だ。彼らからの反応をダイレクトに得られる上に、メールをいつ、誰に届けるかというコントロールもしやすい（多くのSNSの場合、プラットフォーム側のアルゴリズムに左右されやすいため、コントロールが難しい部分だ）。最適なコンテンツ施策に向けて試行錯誤するには格好のチャネルだろう。

 全体像を考える

Chapter2（→P.31〜）ではメールマーケティングの重要性や意義を整理した。その際にメールマーケティングの必要性が高くなる条件として、次の3点を挙げた。

- 見込み客の集客負担が大きい（そのため自社リストを築くメリットが大きい）
- 集客から販売貢献までに時間がかかる（ナーチャリングの必要性が高い）
- 繰り返し購入してもらう必要がある（定期的な接触の必要性が高い）

一方でこれだけでは、あくまで自社の都合を整理したに過ぎないため、顧客ニーズも含めた全体像を考える必要があるとも話した。その全体像について説明していこう。

メールマーケティングの実施を検討するということは、一般的には販促領域であることが多い。当然ながら販促対象のプロダクトがすでにある。ということは、その時点で「この顧客層のニーズに対して、こういう価値提供で応える」というターゲティングやメッセージが何かしら定まっているだろう（現実的にはそうでないこともあるが）。こうしたプロダクトの戦略的ターゲティングを考えるのは、一般的には代理店のクライアントかもしれないし、所属する企業の上層部かもしれない。

いずれにしてもこの段階での担当者の役割は、そうした価値をいつ・どこで・誰に・どんな内容で・どのくらいの頻度で伝えるか、を考えて

実行することにある。一般的なマーケティング施策のステップに沿うと、次のような流れになるだろう。

1 コンテンツの目的・目標の設定
2 ターゲット情報の整理
3 メッセージ内容の策定
4 チャネルの選定
5 コンテンツ企画・制作
6 施策の計測

メールマーケティングが求められやすい状況として、**集客負担の大きさと接触し続ける必要性**の2点（→P.40〜41）を挙げたが、それは一連のステップの中の「4.チャネルの選定」で判断する項目だ。

ということは、その前のステップでターゲット情報とメッセージ内容がある程度考えられていることになる。

「2.コンテンツ向けターゲット情報」と「3.メッセージ内容」をどのように整理すると、メールを含めた「4.チャネルの選定」を適切に検討できるだろうか？ 2.〜4.を踏まえて、さらに具体的なフェーズである「5.コンテンツ企画・制作」を考えられるようにもしたい。

ここだけ理解！

設計やクリエイティブに意図を込める。
そのため購読者ニーズを的確に把握する。

02 コンテンツ発想につながる 顧客理解の考え方

執筆：三友直樹

適切な施策を考えるために購読者の人物像を考えようとすると、属性情報に偏ることも多い。しかし必要なコンテンツを発想するには、相手の購買検討行動を把握することがより重要。そのフレームワークを紹介する。

「定性的」「定量的」なターゲティング情報の検討

現場のコンテンツ・マーケティング担当者が施策を検討する時点で、すでにプロダクト自体の戦略的ターゲティング情報の大枠は、何かしら定まっているはず。しかし、ここから何をどう考えると必要なコンテンツを発想できるだろうか？ これから**アプローチしたい相手に関する解像度が不十分**だと、ぼんやりとした施策になってしまう。

検討行動がわかると、必要なコンテンツをイメージできる

ターゲティング情報というと、一般的には性別・年代や職種といった属性項目を真っ先にイメージすることが多いだろう。「この商品のターゲットは30代女性です」「中小企業の総務が抱える課題を解決します」といった具合だ。

顧客プロフィールももちろん重要な情報だが、これに偏り過ぎてもいけない。何が適切なマーケティング訴求なのか、を直接的に左右するのは、**属性ではなく検討行動**。そもそも検討行動が明確にならないと、必要な施策をイメージすらできない。

仮に美容製品のターゲット情報として、属性項目を中心に記述したとしよう。例えば次のように。

- 年齢：32歳
- 性別：女性
- 居住地域：東京都
- 家族構成：一人暮らし
- 学歴：〇〇大学〇〇学部
- 職業：メディア媒体の広告営業マネージャー
- 収入：500万円
- 趣味：音楽鑑賞・ライブ

　ターゲットのプロフィールを盛り込んでいるが、ここから具体的なメッセージ内容やチャネルなどを発想することは、実は難しい。なぜならターゲットにアクションを起こしてもらうために、何をどこで伝えればいいかをイメージしづらいからだ。

　理解するというのは、相手の感情や立場などがわかる、というレベルにまで達する必要があるはずだ。属性項目の羅列だけでは足りないだろう。良くも悪くも属性項目というのは、何らかの都合で人を分類・評価しやすくするために貼られるラベルの役割だからだ。

　そのラベルを外から眺めるだけでは、中にある**感情やその背景にある立場、目的、悩みが見えてこない**。相手の感情がわからないから、自分が伝えるべき内容ややり方がイメージできない。それは日常生活でもマーケティングでも同じだろう。

　ましてや一般的なマーケティング担当者は、顧客に直接接する機会すら限られる。だからマーケティングの実務に活かすには、相手の内面をよりイメージしやすくする情報が必要になる。

　それは**検討行動**だ。

　例えば、一般的に単価が高く複雑なプロダクトであれば、念入りな情報収集や検討行動が発生しやすい。買い物に失敗したときのリスクが高いため、背景に強い不安や恐れがあるからだ。反対に消費財をはじめ、価格が安い上にどのブランドを買ってもあまり差がないと認知される場

合であれば、検討行動はほんの一瞬で終わるかもしれない。面倒だ、早く終わらせたい、と買い物客は感じていることだろう。

前者の念入りな検討者が相手なら、コンテンツによるていねいな情報提供がありがたがられるかもしれないが、後者の検討者には必要とされない可能性も高い。

 ## セグメントによって異なり得る検討行動

仮に同じプロダクトであっても、セグメントによって検討行動が異なることはよくある。その場合、有効なコンテンツ施策がどれだけ異なるか？ 法人向け製品を例にみてみよう。

あなたは法人向けサイバーセキュリティサービスのマーケティング担当者だ。サイバー攻撃によって情報漏洩などの被害に遭った企業に対して、原因の調査や対策などのサービスを提供している。こうしたサービスの見込み客を増やしたい。伝えたい自社サービスの特徴もある程度は整理している。伝える手段としてメールマーケティングは適切だろうか？

もちろん相手によるだろう。具体的には、相手がとる情報探索や検討行動の種類に左右されやすい。

もしITセキュリティへの興味関心が高く、日頃から情報収集を欠かさないタイプの見込み客（例えばITセキュリティの専任担当者）が相手であれば、メルマガは有効かもしれない。定期的な情報提供によってサービスの認知や信頼を獲得したおかげで、いざ問題が起きた際の問い合わせにつながることも期待できそうだ。

しかしそうした見込み客ばかりとは限らない。ITセキュリティに特別な関心があるわけではないが、サービスを検討せざるを得ない状況に置かれてしまった、というケースもあり得る。例えば小さな会社のサイトが突如不正アクセスの被害に遭ってしまった、ITセキュリティの専任担当者はいないため、役割が近しいとみなされたWeb担当者が対応に追

われる、といったケースだ。

　この場合、Web担当者にとってITセキュリティは専門外。もちろんWebサイトに関わる以上、必要最低限の知識は押さえているはずだが、日頃から関連メルマガを購読するほどの興味関心はない、という可能性は十分考えられる。

　しかも自社のサイトが突如として不正アクセスの被害に遭ってしまったのだから、「一刻の猶予も許されない。今すぐなんとかしたい」と焦っているはずだ。そうした人がサービスページを熟読して、時間をかけた比較検討をするとは考えづらい。メルマガの購読ボタンなど視野にも入らないだろう。そもそも専門外であるITセキュリティのサービスを適切に検討できるだけの知見が自分にはない、と感じている可能性も高いとすると、念入りな検討をはなからあきらめていることも考えられる。

　「とりあえず信頼できそうな企業に声をかけてみよう」といった動き方が、この手の見込み客にありがちな検討行動だ。

　この場合の信頼につながる要因としては、日頃から社名に馴染みがある、業界大手とみなされている、関連ワードで検索したら検索結果の上位に表示されていた、などいくつかあり得る。

　だとすると露出に使える場所、つまりチャネルも絞られてくる。例えばITセキュリティ関連の情報に接する習慣がないターゲット層にも日常的に露出できるチャネル（媒体広告など）、もしくはいざ問題が起きたときにターゲット層が接触するチャネル（関連キーワードでの検索結果画面など）、などが候補になり得る。

　彼らとメルマガで日常的に接触できる余地も絶対ないとはいえないが、少なくも専任担当者が必要とするような専門情報を高い頻度で送る、といったコミュニケーションがハマるとは考えづらい。仮にこうした層にメルマガ登録してもらいたいなら、「いつか必要になるかもしれないから、とりあえず購読しておこう」「ITセキュリティは専門ではないが、この情報は定期的に押さえる必要がありそうだ」などと感じてもらえる工夫が必須なはずだ。

また単に検討行動を知るだけでなく、マーケティングで活用できるようにパターン化できていることも重要だ。営業やカスタマーサポートなどと違って、マーケティング担当者の相手は不特定多数になる。いわゆる1to1マーケティングのようなケースを除いて、一人ひとりのニーズを考慮したオーダーメイドな対応は基本的に難しい。**だから検討行動がパターンAのターゲット層には、主にこういうアプローチをする**、といった形にまで落とし込む必要があるだろう。

　それでは「行動パターンにはどんな種類があるのか？」「それぞれのパターンで、必要とされるマーケティング訴求方法やコンテンツはどう異なるのか？」「メールマーケティングとの関連性は？」といった点を次節で説明していこう。

ここだけ理解！

ターゲットの検討行動がわかれば、
その背景にある感情も想像しやすくなり、
適切な施策をイメージすることができる。

検討行動の型を理解する 4つの分類

執筆：三友直樹

情報探索や購買検討に関する行動パターンを理解することで、メールを含めた必要なコンテンツ施策が発想しやすくなる。行動パターンをターゲティング情報に盛り込む際に、どのように整理・表現すればよいだろうか？

「検討時間の長さ」が行動パターンに影響する

　行動パターンを表現する要素の一つとして、「関与度」が挙げられる。関与度とは、**プロダクト検討に対する関心の高さやこだわり**を指す。住宅購入のように金銭的にも心理的にもリスクが高い買い物であれば、関与度は必然的に高くなる。一方で消費財のように価格が安く、どのブランドを選んでも変わらない、といった認知の商品であれば、関与度は低くなりやすい。

　しかし関与度だけでは、メールを含めたコンテンツ施策に必要な行動パターンを整理しきれない。

　例えば前節で紹介した、法人向けセキュリティ製品のケースを思い出してほしい。自社サイトが不正アクセスの被害に遭った中で、セキュリティに関する知見があまりないWeb担当者が対策を検討する。深刻な事態なので、当然ながら興味関心は高い。だが彼らがWebサイトなどのコンテンツを入念にチェックするとは考えづらい。一刻を争う事態でそもそも時間がないから、というのが一つ。また情報をインプットしても理解・検討できるだけの能力がないと感じているとすると、時間をかけても仕方がない、というある種の諦めが発生することもある。

　つまり**プロダクトへの興味関心は高い、でも時間をかけて情報探索はしない（コンテンツを閲覧する気もない）、という場合も思いのほか多い**のだ。

　だからコンテンツを作る私たちが、まず考慮したいのは、相手の「持

ち時間」の長さ。「情報探索や購買検討にどれだけ時間をかけてくれる
のか？」これによって伝えるメッセージやチャネルなどが大きく左右さ
れるという点は、これまで紹介してきた通りだ。

　Webサイトでも店頭POPでもカタログでも、コンテンツ閲覧には時
間がかかる以上、この**検討時間の長さを無視してコンテンツ施策を考え
ることはできない**はずだ。相手がじっくり話を聞いてくれそうなのか、
もしくは急いだりイライラしていて話しかけるのもためらわれる状況な
のか、といった点に配慮しないコミュニケーションがどれだけ不毛か
は、日常生活を頭に浮かべるとイメージしやすい。メールマーケティン
グでも同様で、これが抜けると、どれだけキレイにできたクリエイティ
ブでも効果を発揮できない。

行動パターンを分類する4象限

　「情報探索や購買検討行動が、検討時間の長さにどう影響するか」と
いう議論は、昔から数多くの研究がなされている古典的なテーマだ。コ
ンテンツ施策でも無視できないはずだ。そしてこの検討時間の長さとい
うのは、価格をはじめとする購買リスクの大きさとの関連性が深い。こ
れに関しても数多くのマーケティング研究が存在する。

　ある種のリスクが高ければ、時間をかけた念入りな検討が発生しやす
い。しかしリスクが高くても、時間をかけられない、かけたくない、と
いうケースもあるのは、先述した通りだ（→P.51〜53）。そのため、検討
時間の長さとリスクの2軸によって、行動パターンを整理すると、より
コンテンツ発想につながりやすい分類ができるだろう。

　「Stopwatch Marketing：Take Charge of the Time When Your Customer
Decides to Buy」（邦題：購買意欲はこうして測れ ストップウォッチ・マーケティン
グ4つの原則, 翔泳社）の中で、ジョン・ローゼンは次ページ図1の4象限を
紹介している。

　縦軸となるリスクは、検討者が主観的に感じる「知覚リスク」を指

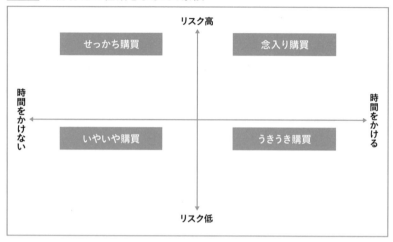

図1 検討行動の種類を示した4象限

	リスク高	
せっかち購買		念入購買
時間をかけない		時間をかける
いやいや購買		うきうき購買
	リスク低	

す。主観的ということは、同じプロダクトでも人や状況などによってリスクの高さは変わり得る（象限が変わる）。

■ 金銭的リスク
■ 機能的リスク
■ 身体的リスク
■ 社会的リスク
■ 心理的リスク

　こうした点を踏まえながら、それぞれの象限の特徴をみていこう。

念入り検討

　右上の象限は、購買に関する何らかのリスク（縦軸）が高いため、情報探索や購買検討にかける時間（横軸）が長い、という**「念入り」検討層**だ。

　ローンを組んで住宅を買う、会社の基幹システムを刷新する、高級自動車に乗り換える。こうした買い物は、購買判断を間違えたときの後悔

が非常に大きい。思っていた使い勝手と違った、大金を浪費してしまった、社内での信頼を失った、といったリスクを伴う。「このリスクが現実になったら取り返しがつかない」と感じることもあるだろう。

だから問題は回避したい。実際にはあまり起こらないとしても、避けるべき事態や問題で頭がいっぱいになりやすい状態。**リスクをなるべく完璧に避けるためにも、時間をかけてじっくり情報を吟味したい。**そのときに心で感じている感情は、恐れや不安だ。

ここでのマーケティング訴求のポイントは、**いかに不安を払拭するか、安心感や信頼を与えられるか、**といった点になる。十分に納得できていない状態で、無理に売り込まれたり、急かされたりすれば、抱えていた恐れが怒りや不信感につながることもあるだろう。そのため相手のペースをなるべく尊重しながら、じっくりと検討を進めてもらうのがよい。情報探索に積極的なため、接触できるタッチポイントの数も多いはず。一般的にはメールマーケティングによって、時間をかけて情報を提供する余地が大きい象限だ。

うきうき検討

右下の象限は、購買リスクは低いものの、検討の時間は長くかけたい、なぜなら楽しいから、という風に娯楽や趣味の要素が強い**「うきうき」検討層。**買い物のプロセスに積極的に関わろうとして、検討時間が長いという点では、「念入り」検討層と同じ。しかし背景にある気持ちは、**「買い物や検討が楽しい」「また行きたい」「もっとよく知りたい」**といった心持ちで、不安や恐れとは無縁だ。

読書好きな人が書店で本を眺めるとき、お酒好きの人が、一日の終わりに開けるワインを選ぶとき、技術感度の高さにこだわりのある企業担当者が、革新的なIT製品を目の当たりにしたとき、かわいらしい雑貨が並ぶECサイトを回るとき。そうした買い物は、純粋に楽しいからやる。周りの人の意見や環境に左右される余地は小さく、自分の内側にモチベーションの源泉がある状態。

ニッチな情報ニーズが生まれやすい領域でもあるため、自分の趣味性や知識欲を満たしてくれるメルマガがあれば、喜んで購読するだろう。配信頻度が高くてもまったく問題ない。むしろ週に一回程度ではじれったいくらいだ。

せっかち検討

一方で左側の象限は、購買検討や情報探索に時間をかけられない、もしくはかける気がない、といった状況になる。

まず左上は、一定の購買リスクがあるものの、検討に時間はかけられないという**「せっかち」検討層**。**「急に対応しないといけなくなった。失敗はできない」**といった焦りが強い心象だ。真夏にエアコンが壊れてしまった、自社サイトが不正アクセスの被害に遭った、得意先に祝いの花を急遽送ることになった、電気代がいきなり上がってしまった、といったシチュエーション。重要ではあるものの、あまり気乗りはしない買い物だ。

そもそもその領域に関する知見があって、普段から準備や対策ができていれば、突然追い込まれて「せっかち」モードになる事態は避けられていた可能性も高いとすると、少ない知識で検討せざるを得ない人も多いのが、この象限だ。自分の比較検討能力に自信がない。さらにそもそも時間もない。そうなると人は、単純でわかりやすい情報しか処理しなくなる。「有名なブランドだから」「商品特徴がキャッチーで効きそうだから」「サイトの雰囲気からして、ていねいに対応してくれそう」。検討する際は、文字を読み込むのではなく、ビジュアルから受ける印象が重視されやすい。

お尻に火がついているまさにそのときに、彼らがいそいそとメルマガを購読することはまずないだろう。彼らに向けるのであれば、**既存の購読者が突如「せっかち」モードになった瞬間を見逃さず、瞬時に販促につなげる**、といった使い道が中心になるはずだ。この４象限を考案したジョン・ローゼンが言うように、「待って、待って、一気に振り抜く」の

が、「せっかち」検討層への有効なアプローチだ。

いやいや検討

　最後は左下の象限。購買リスクは低く、かつ検討に時間もかけたくないという**「いやいや」検討**層。気乗りのしない買い物で時間はかけたくない、という点は「せっかち」検討層と同じ。ただ急に買う必要に迫られたというより、**面倒で長らく先延ばしにしていた買い物を、いよいよやらざるを得なくなった状態**だ。一般的に当てはまりやすい買い物としては、銀行口座を開く、スマホのプランを乗り換える、電気や保険の契約を見直す、間接材の調達方法を見直す、などがあるだろう。

　これらはもちろん大事な買い物ではあるが、どのプロダクトを選んでも大差がない、という認識になりやすいので（本当にそうかは別として）、知覚されるリスクはそこまで高くない。決めるときも「まあ、こんなものだろう」というノリだ。

　この象限のビジネスで重要なポイントは、ローゼンいわく、見込み客が自社から購入する手間などを下げることで重い腰を上げやすくしつつ、購入後は既存顧客が他社に流れないようスイッチングコストを上げること。例えば銀行が週末も支店を開けることで顧客とのタッチポイントを増やし利便性を上げる、さらにそこでの高品質なサービス提供を徹底する、といった事例を紹介している。

図2　4パターンの検討行動のまとめ

	消費者の状態	購買検討にかける時間	コンテンツの方向性
念入り購買	失敗したらたいへん。念入りに検討。	長	・恐れを取り除いて安心を提供 ・さらに興奮・ワクワク
うきうき購買	楽しい。いくらでも時間をかけたい。	長	・買い物そのものが楽しくなる娯楽を提供する
せっかち購買	間違えられない。でも時間はかけられない。	短	・的確な露出 ・製品特徴をひと目で伝える
いやいや購買	いよいよやらないと。さっさと済もう。	短	・購入する手間を減らす ・行動を起こす理由を提供する

この象限でのマーケティング文脈において、メールはどう活用できるだろうか？ 見込み客向けにしろ既存顧客向けにしろ、接触機会は非常に限られる。何しろ面倒で興味関心も低い買い物をさっさと済ませたい人たちだ。特に見込み客が相手の場合は、**そもそもどうやって購読してもらうかも課題になる**。そうした制約を考慮した上で、実施の有無や方法を考えることが必須だ。

　ちなみに自社のターゲット層が、4パターンのうちどれに当てはまり得るか？ これについては、次節で紹介する。

ここだけ理解！

「関与度」「検討時間の長さ」
「行動パターンの4象限」で
ターゲットの検討行動を分類できる。

定性的なニーズ情報は
定量的な項目と紐づける

執筆：三友直樹

購読者のニーズそのものは計測できない。定性的な情報だからだ。特定のニーズを持つ人の数を把握したり配信リストに落とし込むためには、定量的に計測できる属性情報と紐づける必要がある。

「定性的」なニーズ情報にラベルを紐づける

　前節で述べたように、相手の持ち時間の長さに起因する検討行動がわからないと、適切なコンテンツを発想できない。また、検討行動に関する記載がないターゲティング情報は、コンテンツの企画や制作に生かしきれない。

　しかしこうした検討行動は、定性的な情報なので、そのままでは該当する人を識別したりその数を計測したりすることが難しい。メールの配信先リストを分けることもできない。また、「御社の洗濯機を選ぶとき、私は念入り検討者です」といったタグやデータベースがあれば別だが、もちろんない。

　検討行動に限らず、顧客ニーズ全般は外から見えず計測もできないため、計測可能な何かと紐づけて表現する必要がある。それが顧客プロフィールだ。性別・年代や職種、企業規模、年収、地域などといった属性項目のほか、購買履歴やWeb上での閲覧行動といった行動変数も含まれる。**ニーズという定性的な情報にこうしたラベルを貼ることで、定量的な計測・分類・評価が可能になる。**

顧客プロフィールによる分類の例

　例えば「従業員数」という顧客プロフィールそのものは、組織の大き

さを表すデータでしかない。しかし従業員数の規模によって、ニーズや検討行動の種類が変わることは大いにあり得るため、顧客分類の軸として活用できる可能性がある。

　仮にある企業向けシステムがあるとする。中小規模の企業では、価格の安さや導入のしやすさが最も重視されるが、従業員数が300人を超えたあたりから、柔軟なカスタマイズ性がより重視されはじめる、という傾向があるのであれば、製品ニーズを分類するために、従業員数という属性項目を使えることになる（かなり単純化した例だが）。

　また両者で検討行動も異なる可能性が高い。中小企業には、当該のシステムに知見がある専任担当者がおらず、経営者や担当者が本業の片手間で検討しなくてはならない、というケースも散見される。だとすると、製品の重要性はある程度認識しつつも、時間をかけずより手軽に済ませたい、という検討ニーズが高くなりやすいことがある。

　一方で中堅規模以上の企業であれば、導入による金銭的・機能的リスクも高くなりやすく、説得しなくてはならないステークホルダーも多いかもしれない。それに伴って心理的リスクも高くなるだろう。より慎重で念入りな情報検討が発生しやすい可能性がある。

　この一例では、企業規模を引き合いに出したが、属性項目を含む顧客プロフィールはほかにもたくさんある。だから相手のニーズや、それに紐づく検討行動が、どの属性との関連が深いかをしっかり見極める必要がある。

 購読者像がより明確に

　自社のプロダクトへのニーズを知っている。そのときの検討行動パターンも把握している。さらにそうした人たちがどのような顧客プロフィールかもわかっている。そこまで相手の情報を整理できると、自ずとペルソナも明確になる。どんな訴求内容をどのチャネルで言うべきか、イメージしやすくなるだろう。

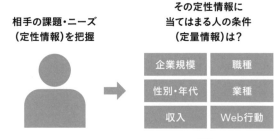

図1 購読者像を定性情報だけではなく、定量情報でもつかむ

相手の課題・ニーズ
（定性情報）を把握

その定性情報に
当てはまる人の条件
（定量情報）は？

企業規模	職種
性別・年代	業種
収入	Web行動

etc...

ここだけ理解！

定性的なニーズと
定量的な顧客プロフィールを
結びつけることで、顧客像がより鮮明になる。

05 定性情報と定量項目の紐づけ方

執筆：三友直樹

検討行動やニーズのような定性情報に、属性項目のような定量データをどのように紐づけられるだろうか？

ニーズ情報の分類

前節で説明したように、同じプロダクトであっても、異なる検討行動やニーズを示す複数のセグメント層が存在していることは多い。プロダクトが同じでも、検討者のコンテキスト（状況や場面、環境）が異なれば、検討方法も違ってくるからだ。

そして以下をはじめとする顧客プロフィールの組み合わせによって、そのコンテキストを表現する、というのがここでやりたい作業だ。

- デモグラフィック変数
- 地理的変数
- 行動変数
- サイコグラフィック変数

つまり良くも悪くも人をラベルで分類する行為になる。もしいま特定の一人が目の前にいるにもかかわらず、その人自身ではなくラベル、例えば性別や学歴、働いている会社の知名度、年収、住んでいる地域などで評価してしまうと、コミュニケーションとしてはよくない結果になる。ステレオタイプで物事を見る人。偏見が強い人。相手と向き合えない人。こう言われても仕方がない。

マーケティングの場合は、メッセージを届ける相手の顔が見えない

分、ことさらこの傾向が強くなりやすい。消費者からすれば、自分の預かり知らぬところで勝手に分類されて、一方的にメッセージを押しつけられることになる。もし広告やマーケティングが本当に「嫌われ者」になっているとしたら、これは大きな原因の一つになり得るだろう。

とはいえ、マーケティング担当者が文字通り一人ひとりを相手にできるわけでもない。店舗スタッフや営業スタッフなどと違って、基本的には多かれ少なかれ不特定多数を対象にメッセージを届けることになるため、ターゲットを顧客プロフィールで分類する、それによって少しでも相手のニーズに合致した訴求を届けられるようにする、という行為はどうしても必要になってしまう。だから問題は、どう分類するかだ。

結論からいうと、**人を分類するのではなく、人が持つ望みや抱えている問題を分類する**という考え方が重要になる。分類の軸が望みや問題ベースになっていないと、適切な訴求方法を考えることにつながらないからだ。そのため、「こういう属性の人たちは、どういう検討行動やニーズになるか?」、もしくは「このニーズを持つ人たちは、どういう顧客プロフィールの組み合わせで表現できるだろうか?」といった考え方や発想が必要になる。

しかしそれとは似て非なる進め方もよく見られる。顧客プロフィールによる絞り込み方が、単に「自社がアプローチしたいリスト」にとどまっているような場合だ。

例えばよくBtoB商材の顧客を従業員数や予算規模で分類して、「セグメント」と称する光景を目にすることも多い。しかし「従業員数や予算規模の違いによって、ニーズや検討行動がどう異なるか?」「それによって訴求方法をどう変えるべきか?」という点まで踏み込んでいない場合は多いように思う。つまり単に「おサイフ」の大きさによって、自社がアプローチしたい顧客の優先順位を見定める、という段階にとどまっているのだ。

それでは顧客プロフィールによって、ニーズをどう分類できるのか?本節では、検討行動という定性情報を軸にしながら考えてみたい。

検討行動パターンを決める要因は？

まず先にも紹介した検討行動の4パターンを思い出してほしい。

- 念入り検討
- うきうき検討
- せっかち検討
- いやいや検討

自社の見込み客や顧客はどの象限に当てはまるのか？ それに影響する要素は、次の3つだ。

- 動機
- 能力
- 機会（時間）

米国の心理学者であるリチャード・ペティと、社会神経科学者のジョン・カシオッポによると、上記の3つの要因がすべてそろっている環境では、検討者の行動パターンは高関与になる傾向がある[1]。つまりやる

図1 **検討行動の種類を決める3要素**（動機・能力・機会）

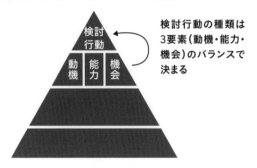

検討行動の種類は
3要素（動機・能力・
機会）のバランスで
決まる

※1　参考文献：マイケル・R・ソロモン（著）、松井 剛（監）、大竹光寿 ほか（訳）『ソロモン 消費者行動論［ハードカバー版］』（丸善出版）

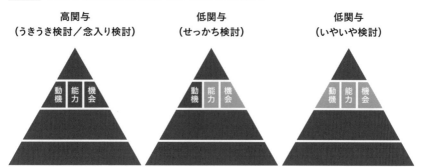

図2 検討行動と3要素（動機・能力・機会）の関係性

高関与
（うきうき検討／念入り検討）

低関与
（せっかち検討）

低関与
（いやいや検討）

気が十分で商品ジャンルに関する知識もある、もしくは知識や能力がなかったとしても学習する意欲がある、さらに検討する時間も十分にある、という場合だ。

　先ほど紹介した検討行動の4パターンでいくと、「念入り検討」（リスクが大きい、失敗できない）と、「うきうき検討」（楽しい、買い物にいくらでも時間をかけたい）が当てはまるだろう。

　逆に3つのうちどれか1つでも欠けると、検討行動は低関与になりやすいという。その場合、消費者は自分の力で検討するのではなく、信頼できる情報源や有名人による推奨などを頼りにする傾向が強まる。

　こうした低関与の検討行動には、残り2つの検討行動パターンが当てはまりそうだ。つまり、重要な買い物ではあるため動機はある、しかし能力や機会（時間）がなければ「せっかち検討」（失敗できない、でも時間はかけられない、かけたくない）が当てはまる。また3つのうちいずれもない、特に動機がない場合は「いやいや検討」（面倒だし気乗りもしない、さっさと終わらせたい）、という具合だ。

検討行動と顧客プロフィールの関係性

　前述のように4つの検討行動パターンの背景には、動機と能力、機会（時間）の3つがある。

図3　3要素に影響する背景・理由（個人的・集団的要因）

自分たちのプロダクトを検討してくれるターゲットは、この3つについてどんなバランスなのか？　それを把握できると、どのチャネルでどんな内容を訴求すべきかを発想しやすくなるだろう。

メールマーケティングの必要性ややり方を考える際も、これら3つを明らかにすることは欠かせない。

それではこれら3つは、どのような要因に影響されるのか？　ここでようやく顧客プロフィールの出番になってくる。

動機や能力の有無、さらにそれらに影響される機会（時間）は、顧客プロフィールによって説明し得る。

例えば大手自動車メーカーの販売店に勤めるやり手営業マンの話。約2日に1台のペースで売るという彼は、自社の自動車を買ってくれそうな見込み客を探す際に、担当エリア内にある住居の特徴をみるという。

住居の構造や自動車の車種などによって、家族構成などを類推し、そこからニーズを導き出すのだ。

「小学生以下が3人、駐車場に小型車という家なら、子供の成長に伴い居住性に不満を抱いている可能性は高い」という具合に。その場合は室内空間が広い車種を訴求することが、選択肢の一つになるという。

つまり自動車ニーズという目的・欲求は外から見えない。だから代わりに外部から観測できる以下のような顧客プロフィールを手掛かりに、推測しているのだ。

■ 小学生以下が３人（家族構成という集団的要因）

■ 駐車場に小型車（購買履歴という行動変数）

　この条件を満たしていれば、少なくとも動機は十分ということだろう。さらに検討する能力と機会（時間）も明らかにする必要があるだろう。この２つが十分あるターゲット層であれば、Webサイトやカタログなどの情報を使って、積極的に検討する姿勢が予想される。逆に検討能力に自信がなければ、信頼できる販売スタッフに任せるなど、受け身の検討になりやすい。メールを含めたコンテンツをあれこれ差し出す余地も、それだけ少なくなる。

　こうした３つのバランスが、家族構成や世帯年収など、何らかの顧客プロフィールごとに異なってくるか？ それがわかれば、検討行動と顧客プロフィールの関係性を把握できる。

　顧客プロフィールごとにメール配信リストを分ける意味も出てくるかもしれない（実際に分けるかどうかは、効果とコストのバランスによるけれども）。

　ただし、**思い込みや軽率な決めつけによって、「早まった一般化」にならないように注意**が必要だ。

ここだけ理解！

検討行動パターンを決める要因は
動機、能力、機会（時間）の３つで、
これらのバランスは顧客プロフィール
（個人的・集団的要因や行動変数）**に影響される。**

外部環境の影響を考慮した顧客ニーズの整理

執筆：三友直樹

ここでは、検討行動に関する理解を深めるために、外部環境の影響も考えていく。

✉ 外部環境の影響

　ここまでで解説した流れをまとめると、まず顧客の検討行動の4パターン（うきうき・念入り・せっかち・いやいや）を把握することで、適切な訴求内容やチャネルを判断しやすくなる。

　その検討行動パターンを決める要因としては、**動機と能力、機会（時間）の3つ**がある。そして特定のプロダクトを検討する際に、これら3つのバランスがどうなるかは、顧客プロフィール（個人的・集団的要因や行動変数）を手掛かりとして考えることができる。

　さらにこの際に手掛かりとなるものには、もう一つ重要な要因がある。それが顧客を取り巻く次のような外部環境だ。

- 法律
- 経済
- 社会
- 技術

　顧客ニーズを考える材料として、こうした要因は少し遠く感じるかもしれない。しかし個々のニーズを木の上になる果実に例えるなら、外部環境は土壌のようなもの。果肉の色や大きさ、味を説明するのに、土壌の影響は欠かせない。

図1 ストーリーとして紐づけ

外部環境、検討行動、個別・具体的なニーズまで
を、筋の通った一本のストーリーとして紐づける

例えばBtoBであれば、法律や技術による業務への影響は話題に上り
やすい。

- 話題の新しい補助金が出る
- 業界に影響する法律が改正される
- AIによって業務プロセスが大きく変わる

またBtoCでは、社会構造や価値観の変化などもあるだろう。

- 少子高齢化の進展
- ダイバーシティ（多様性）の尊重
- 環境への関心の高まり

このような外部環境の変化が、顧客の動機にどう影響するのか？ い
ざ検討するときの彼らの能力や機会（時間）はどうなるのか？ こうした
点を考える必要がある。

AIのような新しいテクノロジーによって、自社の業務をどう変えら
れるだろう、とワクワクしながら情報探索や購買検討を進める層はいつ
でも存在する。いわゆるイノベーターやアーリーアダプター層だ。彼ら
の知識欲や好奇心、承認欲求と呼応するコンテンツであれば、積極的に

活用してもらえるだろう。

　一方でこうした新技術は得体が知れない、難しそうとリスクを感じてしまい、むしろ検討しない理由としてとらえる人たちもいる。もちろん技術に関する知見や使いこなす能力にも乏しい。「他社はもうやっているのか？　本当にリスクはないのか？　費用対効果は合うのか？」といった受け身の検討になりがちだ。

　両者で求められる訴求方法が異なるのは明らかだろう。

- 見込み客・顧客の検討行動パターンは何か？
- 背景にある3要素（動機・能力・機会）のバランスは？
- またその3要素のバランスは、顧客プロフィールや外部環境によってどう説明できるだろうか？

　このように考えていくと、**筋の通った一本のストーリーとして、外部環境から検討行動、個別具体的なニーズまでを紐づけられる**だろう。

 ## 自ずとペルソナもでき上がる

　見込み客や顧客に関する情報をこのように整理すると、自ずとペルソナもでき上がってくるはずだ。メールマーケティングの必要性ややり方をイメージできるだろうし、それに関する共通認識も関係者との間で取りやすくなる。

　アデル・レヴェッラが書いたペルソナ設定の実践的なノウハウ本「Buyer Personas：How to Gain Insight into your Customer's Expectations, Align your Marketing Strategies, and Win More Business」では、ペルソナに盛り込むべき項目として、次の5つが挙げられている。

- 検討開始のきっかけ
- 求める結果
- 検討の障壁
- ほかの関係者との調整・意思決定（ジャーニー）
- 選択基準

図2　ペルソナ作成の5項目

検討開始の要因	その商材ジャンルの検討を始めるに至った最も大きな要因。 同じ属性でも検討を始めない現状維持ユーザーもいる中で、なぜそのユーザーは検討開始したかを記述する。 検討開始するに至った状況・文脈がわかるように。
求める結果	その商材ジャンルの購入にあたって、ユーザーが期待する結果を記述する。 解決したい課題は何か？ 避けたいリスクは？ 実現したい理想とは？ といった枠組みで明確に。 ここがはっきりするとコンテンツ訴求を明確にしやすい。
検討の障壁	ユーザーの検討を断念させるような障壁を記述する。 社内での反対意見や過去の失敗経験、予算、商材に関するネガティブイメージなどを明確にする。
ジャーニー	購買決定に至るまでの検討行動の「裏側」をあきらかにする。 各フェーズにてどのような関係者が存在し、意思決定にどう影響しているかなどを把握する。
選択基準	競合商材・手段と比較検討する上で、重要になる項目をあきらかにする。 このフェーズにおいては、抽象的なベネフィット訴求よりも、具体的なファクトが求められることも多い。

　ここまで説明してきたフレームワークで顧客ニーズを整理できていれば、うまく埋められるのではないだろうか。

　こうした顧客理解のフレームワークを元に、次の章ではメール作成の方法を解説していく。

ここだけ理解！

外部環境の影響も考慮し
顧客ニーズを整理することで、
自ずとペルソナもでき上がってくる。

ペルソナの役割とは？

三友直樹

リモートワークが普及して、オンライン会議でのやり取りが当たり前になってみると、対面でのコミュニケーションと少し勝手が違うことに戸惑う。

伝えたい内容はお互い伝え合ったはずだけれども、こちらのニュアンスまで伝えきれていない気がする、相手の真意がいまいち掴みきれない、といった消化不良気味な違和感が残ることも多い。対面で話すときに目にするちょっとした仕草や表情、その場の空気感といった非言語な要素。そこから得られる情報量は思いのほか大きかったのだと、実感した人も多いだろう。

しかし相手と対面できないコミュニケーションは難しい、という話をするならば、マーケティングはその最たるもの。

なにしろコンテンツを届ける相手の顔や反応が直接は見えない。しかもメッセージを届ける先は不特定多数。その制約の中でも、相手のニーズに合った情報を届けなくてはならない。まるで目隠しをしたまま、キャッチボールをしているように感じるときがある。

相手の姿が直接見えないのであれば、せめて自分たちの頭の中で具体的にイメージできるようにするしかない。「うちの顧客ってこういう人たちだよね」という共通認識のためのより所をつくる。それがペルソナの役割だ。

「今の施策ではこういう人をターゲットにしています」と端的に説明できる効果は大きい。また社内の他部署と連携するとき、外部のパートナー企業と協業するときなどに、「この資料にまとめています」という風にぱっと共有することもできる。目隠しキャッチボールの精度も高まるはずだ。

Chapter

4

メール配信の
設計ノウハウ

メールの購読者を増やすためには、当然ながら「Give」
となる情報発信が必要。しかしその結果として、何らか
の「Take」がなければ、活動を続けることは難しくなる。
「Give」と「Take」の循環を回すために必要な設計とは？

01 「Give」と「Take」を つなげるために

執筆：三友直樹

Chapter3 を踏まえつつ、メールマーケティング施策を具体的に設計する流れを説明していこう。まず、「成果」につながるメルマガの在り方を、企業側・顧客側の関係から見ていく。

開封率は高いのに成果につながらない

以前、とあるマーケティングツールのベンダーの方がこうぼやいていた。

「Excelの操作ガイド資料を作ってメルマガで公開した。購読者は増えたが、その後の販促にはまったくつながっていないようだ」

確かにこのマーケティングツールの特徴を見る限り、その機能や役割は、Excelとあまり関係がなさそうだ。

つまり、Excelのノウハウはニーズの裾野が広いため、購読者は増やせたのかもしれない。しかしこのマーケティングツールへの興味関心や導入を促進する、もしくは似たような課題感を持つ潜在層と接触するきっかけにする、といった本来の目的は果たせなかったようだ。

自転車に例えるなら、どれだけペダルをこいだとしても、チェーンがギアから外れていたら、空回りするばかりで前に進まないのだ。それではチェーンとギアがかみ合っているとは、どのような状態を指すのか？

それは**一貫したストーリーがあること**。それも企業側と顧客側、両方のストーリーがかみ合っている状態だ。ここでいう「ストーリー」とは、**困り事や課題の解決に向けた道筋**、といった意味合いになる。

メールの受信者である消費者は、解決したい事柄が何かしらあるからプロダクトを検討する。一方で企業は自社のリソースやプロダクトによって、そうした問題を解決することで、何らかの事業貢献につなげたい。

自社のストーリーに合ったテーマを設定する

　両者のストーリーをつなげるために、どんな訴求が必要なのか？

　それを考えるために顧客視点が重要なのは言うまでもない。しかしそのために自社だからこそできる取り組みは？、という視点が抜けてしまうと、施策があらぬ方向へ向かってしまう。必要なのは、「こんなビジネスをしています、だからこそこんなコンテンツを作れるんです」というストーリーだ。

　例えば先ほどのマーケティングツールベンダーによるExcel資料で、助かった人は少なくなかったかもしれない。しかし、それはこの企業が提供すべき情報だったのか？　もしその企業だからこその特徴や、強み、知見、思想などがまったく反映されていないのなら、答えはNoだろう。「こんなビジネスをしています、だからこそこんなコンテンツを作れるんです」というストーリーにつながらない。

　特にメールマーケティングのように、長い時間をかけて少しずつナーチャリングしたい、そのために自社プロダクトとは直接的に関係しないトピックに関するお役立ちコンテンツも発信する、という場合はこうした事態が特に起きやすい。

　つまり、知らぬ間に**自社とほとんど関係ない層に向けたコンテンツを発信してしまっていた**、という状態だ。そうした状態では、開封率やクリック率に一喜一憂しても仕方がないだろう。

図1　**企業側と顧客側、両方のストーリーがかみ合う**

①困り事や課題を解決する

②自社の知見や強みが伝わる

③企業やプロダクトへの興味関心・信頼・購買につながる

自社の強みや知見を最終的に伝えられるテーマは何か？　これを探り当てることで、**自社事業の認知や信頼の獲得に貢献する流れ**を作ることができるはずだ。

 ## GiveとTakeを両立できる配信テーマを選ぶ

　これは言い方を変えれば、**コンテンツという形の「Give」**を続けることで、**何らかの事業貢献につながる「Take」**を購読者からいただける、という循環を作ることだ。

　メールを通じて一生懸命に「Give」することは大前提だが、企業である以上は「Take」がまったくなければ窒息してしまう。息を吐いた後は吸い込まないと、呼吸にならないのといっしょだ。

　「窒息」しないために必要な「Take」の水準は、組織によって異なるだろう。相手に貢献する重要性を企業トップが自ら強調するような組織であれば、数値としてはっきり見える「Take」がなくとも、取り組みを継続しやすい。

　一方で業務のオペレーションや売り上げを追うことに精一杯で、ユーザー貢献の意義や価値にまで視野が至らない組織であれば、数値貢献がはっきり見えない施策を続けることはしないかもしれない。

　ただいずれにしても、「Give」と「Take」のどちらか一方しかないという極端な取り組みでは、自社が消耗してしまう、もしくは購読者が離れてしまう事態になるだろう。

　だからそれぞれの組織なりに、2つのバランスが取れていることが重要。そのために大事なのは、ある種の設計だ。

　購読者ニーズに沿ったメールを発信することが、同時に**自社やプロダクトの認知と信頼を獲得する**ことにも貢献する。そんなテーマを探り当てる。そのテーマで集めた購読者を**プロダクトの検討や購買まで導いていく**。そのための設計だ。

　これがわかれば、自社が配信するメールの内容について、より自覚

図2 「Give」と「Take」のバランスが取れている状態が理想

どんな配信テーマがあり得るか?

①困り事や課題を解決する

②自社の知見や強みが伝わる

③企業やプロダクトへの興味関心・信頼・購買につながる

的になれる。「まずはニーズ顕在層向けの販促を重視したいから、この
テーマで配信しよう」「さらにメール配信対象者の裾野を広げたいので、
このテーマもカバーしよう」といった具合に。

　そうなると、購読者数や開封率、クリック率などの数値を改善するこ
とが、事業貢献にもつながっていく。

ここだけ理解！

メールマーケティングの設計では、まず Give と Take を両立するテーマを探し当てることが重要になる。

02 Give&Take両立の方法論

執筆：三友直樹

前節で購読者の間に「Give」と「Take」をバランスよく両立させることが肝要と述べた。メルマガを通じたストーリー設計に Give&Take を落とし込むための考え方を、具体的に見ていく。

ストーリー設計のしやすさを左右するもの

　Give&Take の両立には、「私たちはこんなビジネスをしています、だからこそ、こうしたコンテンツを作れるんです」という、コンテンツのストーリーが必要になる。とはいえ、ビジネスの種類によって、やりやすい、やりづらいの違いは出てくる。

　ストーリーが設計しやすいビジネスであれば、メールの購読者を増やし事業貢献につなげる流れをより描きやすくなる。一方でストーリーが設計しづらいビジネスの場合は、少し工夫が求められる、ないしはメールマーケティングが適切ではない、という場合もある。

　これを見極めるにあたって重要になるのが、事業を手がける中で、**「見込み客が欲する知見がどれだけ発生するのか」**という点だ。そして、それは商材の特徴に左右される部分が大きい。

　一例を挙げると、ジャンルを問わずコンサルティング業は2つの円が

図1 **2つの円の重なりが大きいほどストーリーは設計しやすい**

事業や商材に関する　　　　　　　　　　　　　見込み客がほしい
専門情報・知見　　　　　　　　　　　　　　　情報や知見

重なる面積が大きくなりやすい。つまり「こんなビジネスをしています、だからこそこんなコンテンツを作れるんです」という訴求ストーリーが比較的設定しやすい業種だ。クライアント向けの実務で得た知見は、お役立ち情報として見込み客向けに発信できる余地が大きいだろう。

　例えば社労士が、人事労務に関する自らの知見をコンテンツとして発信する。もし見込み客にとって有用な情報であれば、「こんな質の高い発信をできるのなら、高い専門性を持っているのだろう。ぜひ問い合わせたい」となる流れは想像しやすい。

☑ コンテンツの有用性≠商材の有用性

　一方で、同じ人事労務に関するお役立ち情報でも、ツールベンダー（ソフトウェアやハードウェアを提供する企業）が発信するような場合は、少し事情が異なってくる。発信された人事労務コンテンツがいくら有用でも、発信企業が販売する**人事労務系ツールの有用性とは、必ずしもイコールではない**からだ。

　それでも人事労務というジャンルであれば、法律改正や組織作りな

図2　ストーリー設計のしやすさは商材によって異なる

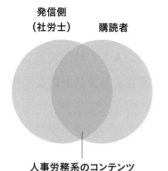

発信側
（社労士）　購読者

人事労務系のコンテンツ

コンテンツの有用性＝見込み客にとっての、
　　　　　　　　　　事業そのものの有用性

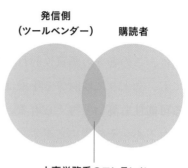

発信側
（ツールベンダー）　購読者

人事労務系のコンテンツ

コンテンツの有用性≠見込み客にとっての、
　　　　　　　　　　ツールそのものの有用性

ど、**情報ニーズが継続的に発生しやすいネタ**は存在する。情報収集にそれなりに積極的な層が見込み客が対象であれば、コンテンツによって得た接点（メール購読など）を活かしながら、ツール活用の意義や自社の強みをアピールしつつ、徐々に購買へ導く余地は高いかもしれない。いわゆるナーチャリングと呼ばれる取り組みだ。

つまりこの例は、ツールベンダーとしての直接的な知見（ツール開発・販売など）では見込み客との接点が限られてしまうため、主に間接的な知見（人事労務のお役立ち情報）によって接点を広げる、という取り組みだ。

 ## 自社の知見が使いづらいケース

さらに言えば、事業や商材のジャンルによっては、前述したようなナーチャリングも難しい場合もある。

例えばビジネス向けチャットツールを想定してみよう。Slack や Microsoft Teams のように、社内外でのコミュニケーション用チャットツールだ。こうしたツールをこれから導入し得る見込み客は、まだまだ多いだろう。彼らに対してビジネス向けチャットツールの活用ノウハウなどを発信する。それは見込み客との接点を作る一つの選択肢にはなり得る。

しかしチャットツールという商材の特徴を考慮すると、メルマガのコンテンツによる学習や検討を重ねた末に満を持して導入するというよりは、**まずは試験的に使ってみてから考える**、という検討行動になりやすい。

仮に、このときの購買検討行動のタイプが「念入り」検討であったとしても、念入りに検討する手段は**コンテンツ閲覧よりテスト的な活用である可能性も高い**と考えられる。

もちろん、その際にビジネスチャットを使いこなすノウハウに対する情報ニーズは発生し得るが、メルマガ購読してまで継続的に読み続けたい、と感じる層は全体のごく一部に限られる懸念がある。

人事労務と比べると、ノウハウコンテンツによって見込み客との接点

を作れる余地が非常に限られる可能性があるのだ。

 ## 配信テーマを「ズラす」

とはいえ、そうした状態でも、見込み客による購読数を増やす方法はあり得る。

チャットツールベンダーとしての知見（ツールの開発や販売、活用ノウハウなど）への情報ニーズが限られるのであれば、より情報ニーズが高く購読者数を増やしやすい別のトピックを選ぶのだ。

本書のChapter8-03（→P.202）に登場する栗原康太氏が社長を務める株式会社才流が、**「軸ずらし」と呼ぶメソッド**だ。

もちろん別のトピックにズラすといっても、自社の見込み客を集客できない、**最終的に自社商材の購買につながらない、というのではあまり意味がない。**

トピックをズラすのはよいが、**見込み客が求めるメリットやベネフィットまでズラさない**のがコツになる。そこもズラすと「軸」がなくなってしまう。それによって、購買につながるストーリーを作るのだ。「ちなみに、そのニーズであれば、うちの商材でもこう解決できますよ」という風に。

先ほど例に挙げたビジネスチャットツールであれば、どんな「軸ずらし」があるだろうか？ 自社の方針や見込み客のニーズなどによって変わってくるが、イメージを伝えるための一例としてはいくつかあり得る。

 ## 情報ニーズが発生しそうな「軸ずらし」の例

一つはDX（デジタルトランスフォメーション）ネタがあるかもしれない。仮に既存顧客のニーズを突き詰めてリサーチしてみると、チャットツール導入によって実現したいことが自社業務のDX化だったとする。「自社のDX促進に興味があった。その一環でチャットツールを検討したとき

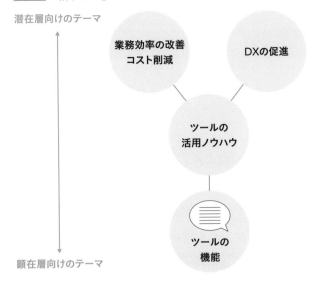

図3 「軸ずらし」の一例

潜在層向けのテーマ

業務効率の改善
コスト削減

DXの促進

ツールの
活用ノウハウ

ツールの
機能

顕在層向けのテーマ

に、御社のプロダクトが最適だった」といった具合だ。

　そうであれば企業のDX促進をテーマにしたメルマガによって、見込み客の購読者を増やせるかもしれない。DXネタであれば、継続的な情報ニーズが発生し得るし、集客に使える検索キーワードもそれなりにあるからだ。

　もちろんDXネタそのものでは、自社のチャットツールの認知や信頼に直接つなげられる機会は限られる。しかしメールを通じて継続的な接点を持っていれば、いざニーズが顕在化しそうなタイミングでこちらからアプローチできる。

　また別のトピックとして、コスト削減という文脈も考えられる。ビジネス利用に特化したチャットツールによって、非効率なコミュニケーションをうまく解消することで、業務効率を改善、ひいてはコスト削減につなげる、といったストーリーだ。この文脈で導入する既存顧客が多いのであれば、コスト削減をテーマにニーズ潜在客を集めるのもよいかもしれない。

実際にはDXもコスト削減も、非常に幅広いテーマになるため、自社の商材特徴や見込み客のニーズを考慮しながら、編集的な観点も持ちつつ、もう少し絞り込む必要はあるだろう。

このように一見して見込み客を購読者として集めることが難しそうに見えるジャンルでも、軸をズラすことでコンテンツ対象の裾野を広げることができる場合もある。

軸がしっかりしていれば迷いがなくなる

しかも、今のビジネスをしているからこその強みや能力、特性、専門性、ネットワークといった要素は、良くも悪くもそう簡単に変えられない。少なくともメールマーケティングを実施する一環として、気軽に変えられるものではない。

「うちの会社もあんなことができたらよいのに」と感じることもあるかもしれないが、現状と向き合っていくしかない。

だからこそ、不確実性の高い環境で配信テーマを決めなければならないときに、「**自社のプロダクトによって何ができるか？**」は、ブレないための軸となる。この軸が地面にしっかり刺さっていれば、選択肢の多さに迷うことが少なくなる。メールマーケティングの進め方を議論する上で、ブレないための拠り所になるのだ。

特に成果が出るまでに時間がかかりがちな施策では、プランニングの大半はこれを考えることにかけてよいくらいだ。軸が間違った場所に刺さっている、もしくはそもそもない状態では、**その後のコンテンツ訴求がすべて的外れになる**からだ。

ここで言う的外れとは、見込み客のニーズに刺さるコンテンツが出てこない、出てきたとしてもプロダクトのメリットやベネフィットの要素が反映されていない、だから**最終的な購買など**につながらない、といった状態を指す。

この話に関連して、印象に残っている言葉がある。コンテンツマーケ

ティングの先駆者といわれるジョー・ピュリッジが、自著[※1]で紹介した言葉だ。

「拠り所とすべきは、情熱ではなく自身の能力だ」

(Follow your talent, not your passion)

コンテンツ施策の「成功事例」としてメディアで紹介されるケースでは、「作り手の想いや情熱」が強調されることが少なくない。もちろん重要な要素ではあるが、**見込み客や顧客の困りごとを直接的に解決できるのは、あくまで「Talent（能力）」のほう**。この優先順位を忘れずに、プランニングに取り組みたい。

「こんなビジネスをしています、だからこそこんなコンテンツを作れるんです」というストーリーを作れるように、メール配信のテーマ設定を考えてみよう。

ここだけ理解！

コンテンツの有用性と商材の有用性が直結しない場合、見込み客との接点を増やせるテーマを探る。

※1　出典：Joe Pulizzi, Content Inc: *Start a Content-first Business, Build a Massive Audience and Become Radically Successful With Little to No Money*, McGraw-Hill, 2021.

プロダクトと配信テーマをつなげる

執筆：三友直樹

前節で述べた「自社のプロダクトによってそもそも何ができるのか？」を、メール配信のテーマやコンテンツに反映するノウハウについて、より具体的に見ていく。

プロダクトの「機能・特徴」が核になる

「そもそも何ができるのか？」とひと口に言っても、その要素にはいくつかのレイヤーがある。

最もコアとなる要素は、**プロダクトの「機能・特徴」**だろう。ニーズ潜在層向けのテーマを考える材料の中でも、機能・特徴はジュースの原液のような役割になる。

原液なので、そのままでおいしく飲める人は、ごく一部のニーズ顕在層に限られるだろう（ChatGPTや昔のiPhoneのように、革新的で独自性が高いため、機能そのものへの興味関心が高い、といったケースは別として）。

だから、ニーズが潜在的な層にも興味を持ってもらいたいならば、「原液を薄める」必要がある。

具体的には、**その機能・特徴がなぜ重要なのか？を示してあげる**ことだ。機能・特徴が重要な理由を客観的に説明するとメリット。そのメリットが重要な理由を主観的に訴求すると、見込み客にとっての**ベネフィットを示す**ことになる。

メリット／ベネフィットを配信テーマにする

次ページの逆三角形の**図1**を元に、配信テーマを考えてみよう。図の中の記述同士は、「Why?」と「How?」の関係性になっているという

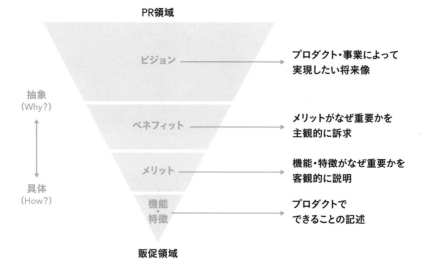

図1 機能・特徴からメリット／ベネフィットへ広げる

PR領域

抽象
(Why?)

具体
(How?)

ビジョン —————→ プロダクト・事業によって
実現したい将来像

ベネフィット —————→ メリットがなぜ重要かを
主観的に訴求

メリット —————→ 機能・特徴がなぜ重要かを
客観的に説明

機能・
特徴 —————→ プロダクトで
できることの記述

販促領域

点。例えばメリットが重要な理由（Why?）がベネフィットである一方で、ベネフィットを実現する方法（How?）がメリット、さらにその実現方法（How?）が機能・特徴、といった関係性になっている。

逆三角形の下にいくほど「How?」の要素が強くなるため、プロダクトに関する具体的な記述になってくる（販促領域）。一方で上にいくほど「Why?」の要素が強くなるため、抽象的なベネフィットやビジョンの記述に近づいていく（PR領域）。

この図を元に、配信テーマを考えていきたい。

では、機能とメリット、ベネフィット。この3つがメール配信のテーマとどう関係するのか？

ニーズ潜在層向けに、裾野がより広いテーマを選ぶ。しかもプロダクトの機能や特徴に根ざしつつ。そうしたテーマは、プロダクトのメリットやベネフィットを元に考えることができる。前述したように、**機能・特徴が重要な理由**を示したものが、メリットとベネフィットだ。であれば、この2つの内容を配信テーマにしておけば、最終的にプロダクトを訴求するストーリーに着地できる見込みが高い。

チャットツールを例に考える

Chapter4-02（→P.80）で引き合いに出したビジネス向けチャットツールを例に考えてみよう。少し単純化するが、仮に次のような状態だとする。

○ターゲット層：中小企業
○主な訴求機能：チームチャット機能
○特徴：

　・プロジェクトや部署ごとにチャットを個別管理できること
　（他社のチャットツールは種類や目的の異なるチャットが混ざりがち）

　・しかもITリテラシーが高くない企業でも、使いこなせるUX

こうした機能・特徴の重要性に関する客観的な説明、つまりメリットは、コミュニケーションの効率を高め、業務効率を改善できるという点だとする。

さらに、このメリットの重要性に関する主観的な訴求（ベネフィット）は、ノウハウやリソース不足に悩みがちな中小企業でも、次のような点を実現できることだと仮定しよう。

■ 業務効率の改善によってコストを削減できる
■ 業務のDX化への意識を社内で高められる
■ 情報共有の促進によって社内コミュニケーションを活性させる

ここまで述べてきたことを、先ほどの逆三角形の図にまとめると、次のようになる。

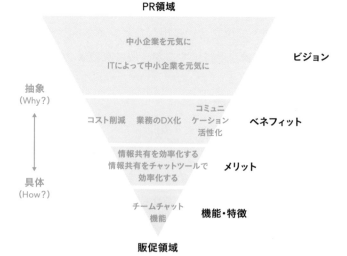

図2　ビジネスチャットツールのメリット／ベネフィットの例

PR領域

中小企業を元気に

ITによって中小企業を元気に

ビジョン

抽象
(Why?)

コスト削減　業務のDX化　コミュニ
ケーション
活性化

ベネフィット

情報共有を効率化する
情報共有をチャットツールで
効率化する

メリット

具体
(How?)

チームチャット
機能

機能・特徴

販促領域

☑ 配信テーマを機能・特徴からメリットに広げる

　次に配信テーマを掘り下げてみる。

　すでにプロダクトへのニーズが顕在化した層が対象であれば、図の一番下にある「チームチャット機能」をはじめとする、プロダクト訴求でよいだろう。

　しかし当然ながら、チャットツールに関する情報だけでは、メールを購読し続けたい層は限られる。だからこの原液を「Why?」で薄める。すると次はメリットである「情報共有の効率化」がテーマとして出てくる。

　業務の情報共有を効率化する手段は、チャットツールの導入だけではない。顧客情報の管理ツールやファイル共有ツールなど他のツールもある。さらに情報共有に関するルール作りや組織体制の整備といったノウハウもあり得る。

　つまり「情報共有の効率化」というテーマでは、より多くのトピックを扱うことができる。配信対象の裾野も広がるため、見込み客の購読者を増やす余地も大きくなる。

さらにベネフィットに広げる

　メール配信を重ねる過程で、「情報共有の効率化」というニーズをすでに実感している層だけでなく、さらにマーケティング対象を広げたくなるフェーズも来るだろう。

　そのときは、さらに「Why?」の方向へテーマを抽象化させることになる。この例の場合は、ベネフィットにある「コスト削減」や「DX」、「社内コミュニケーションの活性化」だ。

　これらを実現する手段は、ツールによる情報共有の効率化だけではない。「コスト削減」一つとっても、生産に必要な原材料の調達改善や人件費の削減、省エネ、通信費の節約など山ほどある。

　つまりそれだけコンテンツ発信できるトピックは広がる。同時にその分だけ、**自社の見込み客とうまく接触できるトピックを選ぶ難易度は、より高くなる**。そのため見込み客と接触するには、コスト削減やDXの中でもどんなトピックを選ぶべきか？を考える。また見込み客が継続的に購読してまで読みたいと思うか？という編集的な観点も必要だろう。

　このようにして、プロダクトから距離のあるトピックから購買につなげる。そのためには、途中にある他の選択肢をくぐり抜けた上で、**最終的にチャットツールを選んでもらうまでのストーリーは何か？**を考える必要もある。

競合は類似商品だけではない

　よく自社製品の競合というと、類似のプロダクトを連想する人も多いが、実は直接的な競合との比較が始まる前に、様々な選択肢の可能性も考慮しなくてはならないことが、図2でもあきらかだろう。

- 数あるDX化の手段の中から、情報共有の効率化を選んでもらう。
- さらに、情報共有を効率化する手段の中からチャットツールに関心を持ってもらう。
- そして、最終的に自社プロダクトを導入してもらう。

　この流れをコンテンツによって後押しできたら、いわゆる「ナーチャリング」ができたと言えるのではないか。

　いずれにしても、プロダクトの機能・特徴から「Why?」を積み重ねることで、配信候補のテーマを洗い出すことができた。この中からコンテンツ化するテーマを絞り込んだら、具体的な企画や制作に移ることができるだろう。

　ここではBtoBプロダクトを引き合いに出したが、メールマーケティングと相性のよい商材であれば、BtoCプロダクトでも同じように考えることができる。

ここだけ理解！

配信テーマは、
核となる「機能・特徴」という原液から、
メリット／ベネフィットへと広げていく。

顧客理解と
セグメントに応じた伝え方

執筆：三友直樹

プロダクトのどの機能がどういったメリットやベネフィットにつながるかは、セグメントによって変わる。セグメントに応じて異なる伝え方が必要になる。

セグメントによって購買行動も異なる

前節では、プロダクトのメリットやベネフィットによって、配信テーマを洗い出すイメージを伝えた。当然ではあるが、プロダクトが同じでも、セグメント（ターゲット顧客層）が異なれば、メリットやベネフィットは変わり得る。

異なるニーズを持つセグメントが複数ある場合は、それぞれでコンテンツのテーマや訴求内容は変わるはずだ。

前節の例では、中小企業を対象にしたチャットツールを引き合いに出したが、「中小企業」とひと括りにしても様々なタイプがある。

チャットツール活用の機運が高まり出す前にいち早く導入する先進層もいれば、ITには及び腰で、周りの企業による導入があらかた終わってから、やっと腰を上げるような後追い層もいるだろう。

前者のタイプであれば、チャットツールの導入について自ら積極的に検討するだけでなく、「こんな使い方はできないか？」といった逆提案すらしてくれるかもしれない。購買行動のパターンでいうと、**「うきうき」検討**のイメージだ。つまり、検討する動機も能力も高く、それ故に検討する時間もそれなりにかけてくれる。

一方で後者の後追い層による検討行動は、その真逆だ。ITへの苦手意識が高く、プロダクトに関する積極的な興味関心は低い。適切に検討できる自信もない。

そんな企業が重い腰を上げて検討を始めたくらいだから、何か強制的なきっかけがあったのかもしれない（コロナや法律の改正によって遠隔業務を推進せざるを得なくなった、など）。購買行動のパターンでいうと、**「いやいや」検討**や**「せっかち」検討**に当てはまる。

 ## 顧客理解の重要性

先進層と後追い層では、チャットツールに関してのメリットやベネフィットは異なる可能性が高いため、メール配信のテーマも分ける余地が出てくるだろう。先進的な「うきうき」検討層であれば、「業務のDX化」という切り口によってメルマガを購読してもらえるかもしれないが、後追い層であれば「コスト削減」をテーマにしたほうが食いつきがよい、といった具合に。

また、そもそも両者が**価値を感じる機能や用途は異なる**可能性も高い。

このように機能・特徴を起点にしながら、メリットとベネフィットを洗い出すという考え方はシンプルだが、それをやり切るには**顧客理解が不可欠**だ。

図1 **プロダクトが同じでも、セグメントが異なればメリット・ベネフィットも異なる**

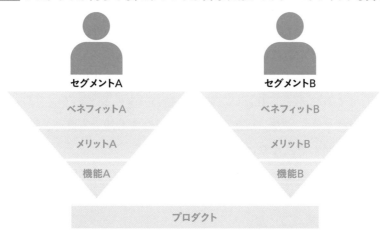

この逆三角形の図を埋めるにあたって、もし次のような状態であるなら、顧客に関する解像度をさらに上げなくてはならないだろう。

- そもそもメリットやベネフィットが思いつかない
- 曖昧な「Why?」「How?」しか出てこない
- 「Why?」と「How?」の記述の間に、まだまだ抜け漏れがある気がする

 ## 日頃から顧客理解の機会や手段を持つ

顧客理解を深めるには、市場調査をはじめ様々な手段がある。押さえておきたいのは、マーケティング担当者の日常業務に、顧客理解の機会を自然と組み込むことだ。年に一回、思い出したように力の入った市場調査を実施するだけではなく、次のようにちょっとした手法を日々積み重ねることが重要になる。

- セールスやカスタマーサポート、店舗の販売員など、顧客と直接接するスタッフにヒアリングする
- 見込み客や顧客との商談に同行する
- 顧客への事例取材を実施する
- 簡易アンケートを実施する（メルマガ経由などで）

もちろん費用や手間をかけた市場調査でわかる情報も重要だろう。しかしそれだけにとどまると、メールマーケティングの精度を上げるために必要な**小刻みな仮説検証**ができなくなる。

マーケティング担当者は、顧客との接点がどうしても限られがち。そうした中で顔の見えない相手に対して、精度の高いコミュニケーションをしなくてはならない。しかし顧客のインサイトをつかんだつもりが、単なる思い込みだった、なんてことは日常茶飯事だ。

だから顧客理解の手段を日常業務に組み込む。顧客に関する小さな発見を日々積み重ねる。それによって軌道修正を小刻みに繰り返すことが重要になる。

ここだけ理解！

機能・特徴や
メリット、ベネフィットを適切に記述するには、
顧客を深く理解しなければならない。

Chapter

5

成果を上げる
メールの作り方

この章では、より具体的なメール制作ノウハウを解説。購買
検討行動の4タイプごとで必要な訴求方法や、具体的なメー
ル執筆方法、CTA設置のポイント、効果計測の方法など、運
用フェーズでのノウハウを紹介する。

信頼されるメルマガの作り方

執筆：三友直樹

相手との距離感が近いメールだからこそ、借り物ではない自分の言葉を文章に落とし込むことが重要になる。

信頼される文章とは

次回配信するメルマガを書こうとしている。ネタは来週開催するセミナーの紹介文だとしよう。「このセミナーはおもしろそうだ。ぜひ参加してみたい」と購読者に感じてもらう文章を書くために、最も押さえたい点を一つだけ挙げるとする。どんな項目になるだろうか？

そのセミナーへの熱量や想いを表現する、テーマのおもしろさや登壇者の実績を訴求する、開催内容をわかりやすく簡潔に書く。パッと思いつくのはこうした点かもしれない。もちろんこれらはすべて重要だが、求められる文章の要素を一つだけ選ぶとしたら、「誠実さ」を挙げたい。

これは哲学者の鶴見俊輔が、「理想の文章」「まともな文章」を書くために必要な要素として、真っ先に挙げた項目[1]だ（ちなみにその次に「明晰さ」と「わかりやすさ」が続く）。

ここでいう「誠実さ」とは、**紋切型や他人の言葉を使うのではなく、自分の言葉で書くこと**。使うのは気の利いた言い回しでなく、普通の言葉でよい。ただし、自分の腹の底から出てきた肉声を文章に落とし込む必要がある。

逆に、これから書こうとする対象について、あまり理解していない、それ故に「このネタであればこう伝えたい」というイメージや欲求が自

※1　鶴見俊輔 著『文章心得帖』（ちくま学芸文庫）より

図1　理想の文章3原則

1.誠実さ	2.明晰さ	3.わかりやすさ
紋切型や他人の言葉を使うのではなく、自分の言葉で書くこと。使うのは気の利いた言い回しでなく、普通の言葉でよい。	はっきりしているということ。そこで使われている言葉を、それはどういう意味か、と問われたらすぐに説明できるということ。	特定の読者、もしくは自分にとってわかりやすい文章になっている。

分の中に生まれていない。それでは、よい文章を書くにあたって必要な「誠実さ」が足りないことになる。

　いくらわかりやすい文章を書く能力があったとしても、購読者を動かすメールを作るのは難しいかもしれない。調理の技術が高くても、素材の質がそもそも低ければ、おいしい料理にできないのと一緒だ。

人気メルマガ、自分の言葉で執筆

　Chapter8-02（→P.194）にも登場するヒールアンドトゥのメルマガは、まさに「誠実さ」のある文章のお手本だ。

　ヒールアンドトゥは、女性向けのアパレル商品を販売するECサイト。そのメルマガでは、販売する商品の特徴やポイント、背景のストーリーなどをスタッフが毎回紹介する。読み手に話しかけるような軽妙な語り口が印象的で、「この商品のよさを伝えたくてたまらない」という気持ちで、筆をスラスラ走らせる様子が目に浮かぶ気がする。メルマガを心待ちにするコアなファンが数多く定着しており、開封率は90%を超えることもあるそうだ。

　ただそんな彼らでもメルマガで書くべき内容が浮かばない、筆が止まる、というときはあるという。どういう場合にそうなりやすいのか？店長の岡田扶美子氏は、こう話す。

　「紹介する商品のことがまだよくわかっていないときですね。一度わかってしまえば、スラスラ書けてしまうのですが。そんなときは、商品

（縦書き）Chapter5　成果を上げるメールの作り方

図2 ヒールアンドトゥのメルマガ例

をもう一回手に取ってみよう、着てみよう、となります」

商品の特徴や良さを自分で腹落ちさせる。そうして初めて自分の肉声が言葉として出てくる。文章を書くにあたって、この状態を目指すことは、商材ジャンルに限らず大前提になるだろう。特にメールは読み手との距離感が近いチャネルだからこそ、「誠実さ」があるかどうかで、書き手への印象や信頼は大きく変わるはずだ。

人が相手を信頼するかどうかを左右する要素として、作家のレイチェル・ボッツマンは、次の3つを挙げている[2]。

■ 有能さ：その人にやり遂げる能力があるか
■ 頼りがい：その人があなたのためにやると言ったことを必ずやるか
■ 正直さ：その人が誠実でよき意図を持っているか

自社のプロダクトや周辺ジャンルについて、自分の言葉で語れるレベルで精通していることは、それだけ能力があり「有能さ」があるとみな

---

[2]　レイチェル・ボッツマン 著『TRUST 世界最先端の企業はいかに〈信頼〉を攻略したか』（日経BP）より

されやすい。また、自身が発信する内容にしっかり向き合っている姿勢を示すことにもなるため、ここでいう「頼りがい」と「正直さ」も、間接的に感じ取ってもらいやすくなる。

メールによって信頼してもらう、何を？

メールを通してプロダクトや企業を信頼してもらうためには、「知ってるもの」と「知らないもの」との間にあるギャップを埋める必要がある。そして、何を信頼してもらう必要があるかは、プロダクトや企業の特徴やフェーズで変わってくる。

先に紹介したボッツマンは、「**信頼の積み木重ね**」という考え方でそれを表現している。人がプロダクトへの信頼を構築する際は、まずその「アイデア」を信頼できている必要がある。それが満たされれば、次に「企業」や「人」などへの信頼が続く、という考え方だ（本書での文脈に合わせて、著者が一部改変したため、原著の趣旨とは少しだけ異なる）。

例えばサービスを開始した当初のAirbnb[3]（エアビーアンドビー）のような場合、「他人の家に宿泊する」「自分の家に他人を泊める」という、みんなが不安に感じやすい「アイデア」への信頼をまず獲得する必要があった。一方で掃除機のようにコモディティ化[4]した商品であれば、「企業・商品」への信頼がまず重要になりやすい。

広告代理店やコンサルティングのように、「人」への信頼が特に重要になりやすい業態もある。同じ企業の同じサービスであっても、スタッフによって技量に差が出やすいからだ。

ヒールアンドトゥの場合は、「人」への信頼を特に重視している例だろう。同社がオンライン販売を始めた1999年、アパレル商品をネットで買うという「アイデア」は、多くの消費者にとって未知だった。

※3　空き部屋を宿泊先として貸したいホストと、借りたいゲストを結びつける Web サービス。
※4　市場参入時は高付加価値を持ち差別化されていた商品が、類似商品の登場などで市場価値が低下して、一般的な商品になること。

図3 信頼を獲得するための3要素

疑い （期待できるの？）	人 企業・商品 アイデア	信頼 （期待できそう）

どの要素への信頼が重要になるかは、商材によって異なる

　彼らの不安や懸念を払拭するために、画面の背後で販売スタッフが懸命に立ち働いているイメージを持ってもらう。そのために中の人が商品や自身の日常について、自分の言葉で語ることに注力したのだ。岡田氏は、それを**「人気（ひとけ）」のあるコンテンツ**と呼ぶ。

　購買者に求めるアクションなどに必要な信頼を獲得するために、どの要素がボトルネックになるのか？ このようにして、**「知っているもの」と「知らないもの」の間を購読者がうまく渡れるように、信頼によって橋渡しする。**

　この際、検討行動のタイプを考慮することも重要だ。

　次節からは、本書でこれまで説明した検討行動のタイプごとに、メール訴求の方法を解説していく。

ここだけ理解！

購読者に信頼される文章には「誠実さ」がある。
書こうとする対象（ネタ）についてよく理解し、
紋切型や他人の言葉を使うのではなく、
自分の言葉で書くことが重要。

「念入り」検討層向けの メール訴求

執筆：三友直樹

「念入り」検討層が抱える不安や恐れ。相手のペースで時間をかけて解消する必要がある。メール訴求のポイントは、配信頻度と充実した情報提供。

 ## 「念入り」検討層への適切なアプローチとは？

　あるプロダクトを購入するか考える際に、多くの情報を収集して念入りに検討する、というのは、それだけ不安や恐れが大きいからだ。「失敗できない」「判断を間違えたら面倒なことになる」といった心象が強い。

　一般的にBtoBプロダクトの多くはこの検討行動が当てはまりやすいし、BtoCプロダクトであっても、住宅や自動車のような高額商品では、念入りに検討するセグメント層が多くなる。また、価格がそこまで高くない商品でも「大事な人へのギフト向けに購入する」などの文脈によっては、念入りな検討行動が発生することもある。

　検討する「動機」は当然ながら高いはず。また検討する「能力」もそれなりに高い、もしくは高くしたいと願っていることだろう。しかし検討

図1 **「念入り」検討層の特徴**

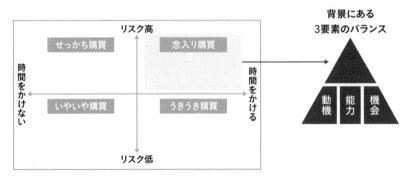

する難易度も高いため、購買に踏み切るまでには時間をかけるし、かけざるを得ない。数日から数カ月、時には数年のスパンに及ぶこともある。

「念入り」検討層に対して、早く買うように急かしたり強引に売り込むようなアプローチは、特にNGだ。

想像してみてほしい。「失敗したら大変だ」という不安がまだ残っている状態で、売り手の都合で無理やり手を引かれることを。売り手への信頼は一気に損なわれてしまうだろう。そのため、**「自分の判断で買うことができた」と納得してもらうために、じっくりと購買プロセスを進めてもらう必要がある。**

本書の言葉でいうなら、**そのときどきで相手の「動機」の高さを尊重しながら、時間をかけて「能力」を上げることで、選択できるだけの自信を与えてあげるイメージ**だ。

 ## 高い配信頻度で日常的に情報提供

その手段として、購読者と常に接触できるメールは最適だろう。その際に大事なポイントは、**配信頻度と充実した情報提供**だ。

まず配信頻度だが、検討ハードルの高さを乗り越えられるだけの情報を十分に提供しようとすると、配信頻度はそれなりに高くせざるを得ない。「念入り」検討層を満足させるだけの情報というのは、プロダクトの詳細説明やノウハウ、事例、購買の流れ、サポート情報など多岐に渡る。また、そうした購買検討情報へのニーズが発生するまでは、より一般的なお役立ち情報で関係性をつないでおく必要もある。

仮にメールの配信頻度が月に1回しかないとする。年間の配信数は計12回。メールの開封率が平均で20％だとすると、一人当たりの開封数は単純計算で年間2、3回にしかならない。高い検討ハードルを解消するには、とてもじゃないが足りないだろう。検討促進どころか、そもそも購読していたことすら忘れられてしまいそうだ。

充実した情報で懸念を払拭

　ただ「念入り」検討層が必要とする情報は、メールにすべて掲載するには多すぎる。基本的にメールというコンテンツは、あくまでサッと読み流されることが前提になる。**メールによって接触機会を定期的に作りつつ、いざ相手がその気になったときには、縦横無尽に検討できるだけのコンテンツがWebサイト上に充実している、という両輪が重要**になるだろう。

　BtoBマーケティングなどのコンサルティング企業である才流（→P.202）は、その両輪を的確に実施しているように思う。

　一般的に企業のマーケティング担当者がコンサルティング企業を選ぶ際は、「念入り」な検討になりやすい。コンサルティング企業とは中長期の付き合いになりやすいし、質の高いパートナーを探そうとすれば、費用も決して安くはない。なによりマーケティングで成果を残せるかどうかは、事業に与える影響が大きい。「信頼に足るだけのノウハウを持っているのか？」「どのように支援してくれるのか？」「コンサルタントはどんな人なのか？」「費用は？」といった疑問は尽きない。

　こうしたよくある疑問に対して、才流は自社サイトで手厚くフォローしている。想定される成果や具体的なアウトプット、コンサルタント紹介、プロジェクト体制、契約までのステップなど、検討に必要な情報を充実させている（図2）。

　そして肝心のノウハウについては、同社が独自に開発した「メソッド」として余すことなく公開している。BtoB事業のマーケティングやセールスの従事者であれば、同社のメソッドで学習したことのある人は少なくないだろう。

　もちろん購買検討に必要な情報が求められるタイミングは限られる。とはいえ、いざ検討が始まったときに頼ってもらうには、見込み客との接触を日常的に保っておかなくてはならない。

　そこでメールを活用する余地が出てくるわけだが、才流は、セミナー

図2　才流のWebサイトでは、検討に必要な情報提供を徹底している

ヒアリングシート

目標CPA・CAC、現状の打ち手や過去の結果など、貴社内に点在する情報を整理します。

要件整理シート

目的とゴール、才流の対応範囲、期限、納品物など、プロジェクトの要件を整理します。

ペルソナ

企業規模・業種・部署・役職・課題などの切り口で商品の顧客像を整理します。

売れるロジック

商品がどのように顧客課題を解決するのか、ロジカルに説明できるように整理します。

競合のプロモーション分析

競合のプロモーション活動を調査・分析し、成果につながる施策を明らかにします。

階段設計

見込み顧客が商品を認知してから、購入するまでのプロセスを設計します。

https://sairu.co.jp/features/

のお知らせや最新記事の紹介を中心に、一日に数通のペースでメールを配信している。配信頻度としてはかなり高いが、非常に価値の高い情報のため、購読者のストレスになるようなことはないだろう。

ここだけ理解！

「念入り」検討層向けのアプローチは、メールによって接触機会を定期的に作りつつ、いざ検討が始まったときのために充実したWebサイトを準備しておく、という両輪が重要。

03 「せっかち」検討層向けのメール訴求

執筆：三友直樹

「せっかち」検討層は、「この買い物で失敗はできない、でも時間はかけられない」といった焦りが強い。メール訴求のポイントは、配信タイミングとひと目で伝わる「キャッチー訴求」だ。

「せっかち」検討層への適切なアプローチとは

お金が急に必要となりカードローンを検討する必要が出てきた。自社サイトがハッキングされた。気になっていたブランドのセールが急に始まった。工場の電気料金が想定外に高騰したため、年度内にコストを削減する必要性に迫られた。

こうした **「せっかち」検討の買い物は、本人が意図しないタイミングで急に始まる**。重要度はそれなりに高いため検討する動機もそれなりに高い。しかし動機が高くなる理由は、本人の興味関心が元々高かったから、というより、真剣に検討せざるを得ない状況に追い込まれたから、といったほうが正確だ。

そもそも「動機」や「能力」が日頃から高くて準備している人であれ

図1 「せっかち」検討層の検討行動

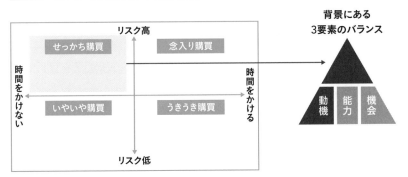

ば、「せっかち」に検討する状況に追い込まれずに済んだ可能性も多い。検討する動機が高いとはいえ、情報量の多いコンテンツを喜んで閲覧してくれる人たちではない。むしろ検討する「能力」が高くない人たちでも、限られた時間の中で決断できるためには、シンプルでわかりやすい訴求が必須だ。

「せっかち」検討層向けのメールマーケティングにおけるポイントは、**タイミング**と**一目で伝わるキャッチー訴求**。この2つを押さえる必要がある。別の言葉でいうと、「待って、待って、一気に振り抜く」こと。

✉ 検討が発生しやすいタイミングで訴求

突如として「せっかち」検討が始まったタイミングで、自社にうまいこと問い合わせてもらう。そのためには、「想起されやすいようにブランド認知を高めておく」「自社サイトを検索結果の上位に表示して、検討時に見つかりやすい状態をつくっておく」といった施策が重要になり得る。

メールを使った施策であれば、メルマガで日頃からつながっておくことで、いざとなったら声をかけてもらえるだけのプロダクト認知と問い合わせ経路を確保しておく、といった方法が考えられる。

特に狙ったタイミングと配信先に情報を届けられるメールのメリットを生かすならば、声をかけられる前にこちらからアプローチするやり方もある。このほうがよりメールらしい取り組みかもしれない。**自社のプロダクトで「せっかち」検討が発生しやすいタイミングがあるならば、その時期にメールで働きかける**のだ。

例えば突如として電気料金の削減に動く企業が特に増えるのは、秋口や春先の時期。つまり電気をよく使う真夏や真冬の請求書を目にしたタイミングだ。またサイバー攻撃は祝日や記念日に特に増えやすいという話もあるため、もしその時期に問い合わせが多くなる傾向が自社でも確認できるならば、「せっかち」層向け訴求メールをこの時期に打つ余地は大きい。

その際に配信する訴求メールは、**シンプルでわかりやすい内容であることが必須**になる。プロダクトについて長々と語る、一つのメールにあれもこれもと詰め込む、といったことは特に御法度だ。お尻に火がついて走り回る人に対して、「私のメールをじっくり読み込んでくださいよ」とでもいうようなコミュニケーションをしていることになる。

　次の画像は、銀行が配信するカードローンの訴求メールを模した架空の文例だ（実際の事例をベースにしている）。まずメールの件名で、カードローンを急いで検討したい人が対象であると明確に示している。

　次にメール内の本文。全体を見渡すと、非常に簡潔な文章をまとめている。ごちゃごちゃと文字を敷き詰めるようなことはしていない。また、1段落につき1メッセージになっていることも、読みやすさのポイント。こうした少しの工夫によって、読み込まなくても意味を理解しやすい、つまり「ビジュアルで読める」メールに仕上がっている。

　「せっかち」検討層のように、限られた時間の中でハードルの高い購

図2 **銀行が配信したカードローンの訴求メールの例**

急な出費で不安な方。カードローンの
シミュレーションをしてみませんか？

2023/04/02 日曜日 17:58

〇〇銀行

詳しくはこちら▶

急な出費続きで不安な方。
カードローンのシミュレーション
をしてみませんか？

いつも〇〇〇銀行をご利用いただきまして、
誠にありがとうございます。

急な出費で今月の生活費が不安な方へ。
〇〇銀行のカードローンはご存知ですか？

カードローンと聞くと、返済が大変そう。
そう思われる方も多くいらっしゃるかも
しれません。

〇〇銀行では、
月々の返済額がいくらになるかを
簡単に掲載できるシミュレーションを
ご用意しておます。

例えば、2万円を借入し、2ヶ月で返済する
場合、毎月〇〇〇〇円、お利息は××円で
お借入いただけます。

まずは、お気軽に
毎月の返済額をシミュレーション♪

シミュレーションする

Webで申し込む ＞

Chapter5 成果を上げるメールの作り方

買検討をこなさなくてはならない、しかも検討する「能力」も高くない、という人向けのクリエイティブとしては、特に重要だろう。

　また最初の訴求内容もポイントだ。

　カードローンに関するメールというと、一般的にはメリット（手数料の安さや金利の低さ、借り入れまでの時間の短さなど）をいきなり訴求するケースも多いが、図2の例では、それよりも読み手が持つ懸念の払拭を優先している。つまり行動しない理由をまず潰そうという意図が見て取れる。

　検討能力が高くない「せっかち」検討層を対象とするなら、相手の不安にまず寄り添うことは理にかなっている。

　この場合の不安は、「月々の返済額がいくらになるかわからない」というもの。だからそれに対して、「簡単に計算できるシミュレーション」を訴求している点も、筋が通っているといえるだろう。

　また「せっかち」検討層のように、労力をかけることを特に嫌う人を対象にしたコンテンツとしても的確だ。なぜなら「労力がかかりそう」という印象は、主に「やることが多い」「何をやるべきかが曖昧」という2点が要因となりやすいことを考えれば、シミュレーションはその2つを同時に解消できるコンテンツだからだ。

　一見してなんの変哲もないメールのように見えるが、こうして見ると相手のニーズを軸とした一貫性があるクリエイティブであることがわかる。

ここだけ理解！

「せっかち」検討層向けの訴求メールは、
「せっかち」検討が発生しやすいタイミングに、
シンプルでわかりやすい内容で送ることが重要。

04 「いやいや」検討層向けの メール訴求

執筆：三友直樹

「いやいや」検討層の多くにとって購買は「面倒なこと」であり、できることなら先延ばしにしたいと感じている。メール訴求のポイントは行動すべき理由とタイミングを与えることだ。

「いやいや」検討層への適切なアプローチとは？

「面倒な作業だから先延ばしにしてきたが、そろそろ手をつけなくては」。**「いやいや」検討層**が、満を持して行動を始める際の心境はこんな感じだろう。当てはまりやすい買い物としては、スマートフォンのプランを乗り換える、銀行の口座を開く、電気や保険の契約を見直す、間接材の調達方法を見直す、などがあり得る。

彼らの望みは、**面倒な買い物を一刻も早く、少しでも手軽に終える**こと。思いもよらない素晴らしい体験や価値などは期待していない。なにしろ「どのブランドを選んでも、結果は大して変わらない」としか思っていないのだから。もちろん実際はそれなりの違いがあるものの、検討者が認識できていないだけ、という場合も少なくない（もしくは認識できているが気にしない）。

図1 「いやいや」検討層の特徴

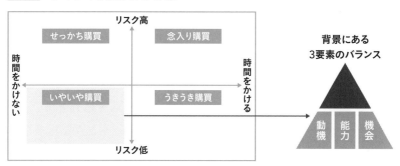

こうした文脈でプロダクトを訴求するポイントは、先に紹介した「せっかち」検討層向けと重なる部分は大きい。つまり検討する「能力」は高くないし、時間もかけたくない相手が対象のため、当然ながら**シンプルでわかりやすい訴求が必須**だ。**購買ハードルも極力下げる**必要がある。

　ただ突如として検討せざるを得ない状況に追い込まれた「せっかち」検討層と違って、「いやいや」検討層は行動を始める強い理由をそこまで持っていない。できることなら購買を先延ばしにしたいと感じているし、単に忘れている可能性も高い。したがって、**行動すべき理由とタイミングをこちらが与えることで、彼らに目を覚ましてもらわなくてはならない**。そのために企業側が狙ったタイミングでコンテンツを届けられるメールは、有用なチャネルになる。

 ## 行動を起こす理由を与える

　室内やエアコンの掃除を行うハウスクリーニング事業者と、消費者をマッチングする、とあるWebサービスによる取り組みを紹介しよう。

　ハウスクリーニングのマッチングサービスと一口にいっても、様々な検討層が存在するだろう。ただ掃除の必要性を感じつつも、面倒でギリギリまで踏み切れない「いやいや」検討層が、それなりにいるであろうことは想像できる。そのため同サービスでは、行動する理由やタイミングをうまく作り出しながらメールで訴求している。

　同サービスでは、年の瀬が近づくと「年末の大掃除特集」と銘打って、お風呂やエアコン、レンジフードなどのクリーニング業者を紹介するメールを配信している。大掃除というタイミングは、ハウスクリーニングの代行を促す非常に大きな理由づけだろう。

　しかしこの際に、単にクリーニング業者の一覧を羅列するだけで、「後は勝手に好きなだけ選んでください」とでもいうような訴求をしてしまうと、「いやいや」検討層は選択肢の多さに迷ってしまい、検討を

図2　行動を促す後追いメールの例

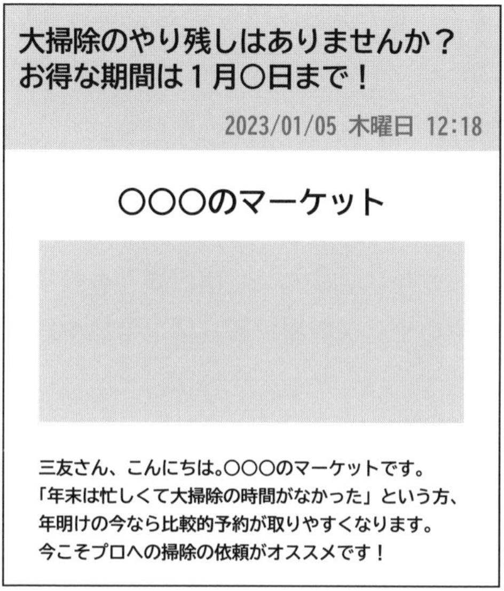

> **大掃除のやり残しはありませんか？**
> **お得な期間は 1 月〇日まで！**
>
> 2023/01/05 木曜日 12:18
>
> ### 〇〇〇のマーケット
>
> 三友さん、こんにちは。〇〇〇のマーケットです。
> 「年末は忙しくて大掃除の時間がなかった」という方、
> 年明けの今なら比較的予約が取りやすくなります。
> 今こそプロへの掃除の依頼がオススメです！

やめてしまうかもしれない。そこで同サービスの場合は、「プロに任せたい面倒な掃除ランキング」といったまとめ方をすることで、タスク候補をうまく可視化し、行動に移すハードルを下げる工夫をしている。

　検討する「動機」も「能力」も高くない「いやいや」検討層が相手のときは、このように**自分で考えたり選んだりする余地を適切に減らしたり、単純化してあげる必要がある**のだ。

　一方で大掃除というタイミングは、行動を促す非常に大きな理由づけになるものの、それでも行動に移せない層もいる。同サービスはそうした人たちを想定して、年が明けた年初に図2のような後追いメールも配信している。

　メールの配信対象は「年末は忙しくて大掃除ができなかった」人たち、つまり腰が重くてサービス活用に踏み切れなかった人たちだ。彼らに対して、改めてハウスクリーニングの活用を促している。

　今回は「お得な期間は〇月〇日まで」とキャッシュバックキャンペーンの期限を件名でアピールしつつ、「年明けは比較的予約が取りやすく

なる」時期だとも本文で訴求している。

　このメールの場合、単にハウスクリーニングのメリット訴求ではなく（それで動く人たちはとっくに動いている）、行動する理由を作り出すことで、なんとか背中を押そうとする意図が見て取れる。

　一般的にコンテンツによって行動を促そうとすると、プロダクトに関するプラス面の訴求に偏りがちだが、マイナス面の払拭も同じくらい重要だ。つまり前に紹介した**「念入り」検討層であれば、不安や恐怖心の解消**、今回の**「いやいや」検討層であれば、惰性や抵抗感の解消**だ。

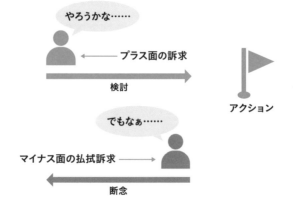

図3　プラス面の訴求とマイナス面の払拭

「いやいや」検討層への訴求メールは、
行動すべき理由とタイミングをこちらから提示し
選択肢を単純化することが重要。

「うきうき」検討層向けの メール訴求

執筆：三友直樹

「うきうき」検討層の買い物は、「楽しい、この買い物にいくらでも時間をかけていたい」といった心持ちでなされる。メール訴求のポイントは、彼らの趣味性やこだわりを刺激すること。

「うきうき」検討層への適切なアプローチとは

「買い物は、実際的理由（機能的）か、快楽的理由（楽しい）かのどちらかでなされる」と言われるが、買い物をする動機が後者（快楽的理由）になる場合は、「うきうき」検討に当てはまる。「**楽しい。この買い物にいくらでも時間をかけていたい**」といった心境だ。仮に検討の末に買わなかったとしても、無駄な時間だったとは感じない。購入前の情報探索や商品の比較といった、検討行動そのものが楽しいからだ。

自分の趣味に合う雑貨やアパレル商品をECサイトで選ぶとき、投資を趣味として楽しむ人が株式や証券、仮想通貨などを検討するとき、「イノベーター」と呼ばれる層が先端的なテクノロジー製品を検討するとき、価格が安い商品を探し出すことに楽しさを感じる人が特売品を目にしたとき。こうした**「うきうき」検討の買い物は、検討する人の趣味**

図1 「うきうき」検討層の特徴

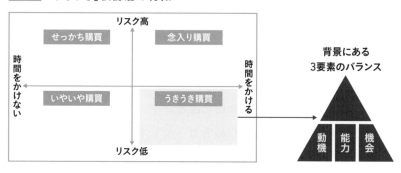

性やこだわりと強く紐づいている。メールを含めたコンテンツは、その**趣味性を刺激する工夫が必要**だ。

- ■ 自分のこだわりを満たしたい
- ■ 刺激やスリルを得たい
- ■ 人に贈り物をして喜んでもらうのが楽しい
- ■ 他人との会話やコミュニケーションを楽しむネタにしたい
- ■ リラックスしたい、落ち込んだ気分を癒したい

　ある家具レンタルサービスのメルマガでは、そうした「うきうき」検討層のツボをうまく捉えた訴求を展開している。

　家具を一定期間借りることができるレンタルサービス。ほかのプロダクトと同じく、その検討行動は一つではない。家具や家電のこだわりは特にないから、安くて手軽にレンタルできればよいという層（いやいや検討など）もいる一方で、次のような「うきうき」検討層も存在する。

- ■ 高くて手が届かない商品を気軽にいろいろ借りて楽しみたい
- ■ 高額な商品のお試しギフトとして、家族や友人に贈りたい（人に喜んでもらうのが楽しい）

　このように情報探索や比較検討を楽しんでくれる層が相手であれば、継続的に情報を提供するメルマガとの相性はよい。同サービスでは、自社が貸し出す家具や家電を様々な切り口で編集して、メルマガで訴求している。

- ■ 気分をあげる在宅ワークレイアウト
- ■ 話題の「タイパ家電」を母の日に贈る
- ■ 自宅でアウトドア気分を楽しめるコーディネート
- ■ 赤ちゃんと過ごすお部屋のレイアウト

こうした様々な切り口を一つのメルマガに盛り込むことで、楽しげなショーウィンドウを眺めるようなクリエイティブに仕上がっているのだ。

 ## ほかの検討層を「うきうき」検討層に転換も

　「うきうき」検討層のように買い物を楽しんでくれる人たちは、より多くのプロダクトを購入してくれたり、自社のファンになってもらえることも期待できる。したがって、**「念入り」層や「いやいや」検討層のような、ほかの象限の人たちを「うきうき」検討層に変える意義は高い。**

　同サービスでは、「お買い物で失敗したくないあなたに」という件名のメールを配信している。このメールでは、高い家具を購入して失敗する不安や恐れがある層に対して、「それなら買わずにレンタルする方法もありますよ」「しかもそのほうが気軽にいろいろ試せて楽しいですよ」といった訴求をしている。これによって様々な家具を気軽にレンタルして楽しむきっかけを作ることができれば、ファンやリピーターの拡大も期待できる。

ここだけ理解！

「うきうき」検討層へ向けた趣味性を刺激する
コンテンツに加えて、他の象限の人たちを
「うきうき」検討層に変えるような訴求を
行うことで、ファンやリピーターの拡大も狙える。

06 メール制作のノウハウ

執筆：三友直樹

購買や申し込み、問い合わせなど、何らかのアクションを促すことを目的にしたメールの制作ノウハウを解説していく。

メールの各要素に一貫性をもたせる

　メールといっても、ブログのような読み物系やニュースレター、プロダクト紹介、キャンペーン訴求など様々だが、ここでは何らかのアクション（購買や申し込み、問い合わせなど）を促すためのメールを念頭に置いて解説していく。その場でアクションを促したい、しかもメールという限られた長さで、という状況は、ほかのコンテンツ（ブログやSNS、Webページなど）と比べたときの大きな特徴だからだ。

　しかし、例えば「開封率を上げるための件名コピーの書き方」「クリック率を上げるためのCTA」といった、個別のメール要素（件名や本文、画像、CTAなど）に関する話から始めてしまうのは避けたい。

　アクションを効果的に促すメールを作るには、**個々のメール要素が一貫性をもってつながっていなくてはならない**。購読者のニーズの高さや検討行動を軸にした一貫性だ。例えば次のような場合は、一貫性に欠けたメールとなるため、購読者がアクションを起こせず脱落してしまう恐れがある。

- 今すぐなんとかしたいと焦る「せっかち」検討層向けのCTAテキストが、「サービスについて詳しくみる」。クリックすると、その名の通りサービス詳細情報が詰まったページが表示される
- プロダクトのニーズが顕在化していない層向けのメールに、「今すぐ問い合わせる」というCTAを設置する

例えるなら、**池の向こう岸にあるゴール（アクション）にたどり着いて
もらうために、池の中に置き石（件名→本文→CTA）をうまく敷いてあげ
るイメージ**だ。置き石がそもそもない、置き石ごとの距離が離れすぎて
いる、といった状態だと、渡りきれずに脱落してしまうのだ。

　ニーズの高さはもちろんだが、本書で紹介した検討行動のタイプも考
慮しながら、一貫性のあるメールを作成しよう。

 ## 流し読みされる前提で書く

　検討行動のタイプごとに抑えるべき訴求ポイントを踏まえたら、それ
をメールに落とし込む。そのときに認識として持っておきたいのは、一
般的に**メールというのは、流し読みされることを前提に作るべき**だとい
うこと（「うきうき」や「念入り」検討層であっても）。

　配信時間がくるのを心待ちにしながら、いざメルマガが届いたら食い
入るように読み込む、というケースは滅多にない。それよりも「受信箱
をふとチェックしたら届いていた。よさそうな情報があれば流し読みし
よう」、基本的にはそんな温度感だ。

　だから**アクションを促すメールの内容は、簡潔かつ明確にする**ことが
必須。読み込まないと理解できないのは御法度だ。イメージでいうと、
早歩きで急ぐ相手に説明するように簡潔に伝える、お酒を飲んで酔って
いる相手でも理解できるぐらい明確に書く、といった感じだろうか。

　一見して全体が長いメルマガももちろんある。しかしよく見ると、メ
ルマガを構成する個々のパート（商品紹介や記事紹介など）は、それぞれ短
く簡潔にまとまっている、もしくはメール内のパート構成が毎回同じな
ので閲覧者が迷いにくい、といった形をとっていることが多い。

　アクションを促すメールならば、長々と読んだ末に初めて言いたいこ
とがわかる、という文章は基本的にNGだ。

アクションを促すメール構造

　こうしたメールは、短いから書くのが簡単かといえば、もちろんそうではない。むしろ限られた長さで的確に訴求しきる必要がある分、難易度は高い。

　また短く簡潔に書けないということは、最低限押さえるべきポイントが曖昧ということになるため、長いコンテンツも作れないはず。だからまずは、行動を起こしてもらうために「これだけはこう伝えたい」というコアな要素は押さえよう。それを考える際に、先に示した検討行動ごとの訴求要件は参考になるはずだ。

　さらにメールとして形にするには、コピーライティングの型（フレームワーク）を知っておくと役に立つ。こうした型は数多くあるが、ここではメール制作によく使う型をいくつか紹介する。もちろんあくまで型なので、絶対に従わないといけないものではないが、まずは型を自分のものにできた後に、自分らしさで崩せると、「型破り」なメールに発展させることもできるだろう。

- Problem-Agitate-Solve（PAS）フレームワーク
- Before-After-Bridge（BAB）フレームワーク
- Attention-Interest-Desire-Action（AIDA）フレームワーク

PASフレームワーク

　PASフレームワークの流れは、次のようになる。

- Problem：こんな困りごとはありませんか？
- Agitate：だとするとこんな状況になる恐れも出てきます（困りごとの強調）
- Solve：それならこんな解決策がありますよ

　メールでアクションを起こしてほしいということは、読み手は何らか

図1 PASフレームワーク文章の例

Problem

お世話になっております。
株式会社〇〇〇の三友です。

今回は中小企業向け電気代削減サービスのご案内です。
毎月の電気料金を少しでも削減したいものの、

「省エネのノウハウがない」
「時間や手間はかけられない」
「省エネ設備にお金をかけることも難しい」

といったお声を企業の経営者やご担当者の方々からよくいただきます。リソースが限られがちな中小企業では、特に切実なお悩みです。

Agitate

電気料金は毎月発生する固定費だからこそ、ちょっとした違いでも積み重なって大きな金額に膨れ上がってしまいます。実は節約できた機会に気づかず、本来得られたはずの利益を長期にわたって失い続けてしまうケースは少なくありません。

Solve

とはいえ手を付けやすいやり方が見つからない。そこで特別な省エネノウハウや高額の初期費用を必要とせず、手軽に電気代を削減する省エネサービスを始めました。経費削減に悩む中小企業にありがちな課題に特化しています。特に業務用空調・冷凍機の利用が多い施設ほど効果的です。詳細は製品ページをご覧ください。

https://example.com/

架空の省エネ機器を対象にしたもの

の「Problem」を抱えているはずだ。まずそれを端的かつ的確に指し示してあげることが、このフレームワークでの肝になる。

相手の「Problem」は、不安の解消なのか？ 面倒な作業を手早く終わらせることなのか？ 検討行動のタイプを元に考えてみよう。

BABフレームワーク

BABフレームワークの流れは、次のようになる。

- Before：あなたの現状はこうです
- After：一方でこんな理想像も想像してみてください
- Bridge：ギャップを解消するこんな手段がありますよ

　まず現状（課題）を認識させる意味では、PASフレームワークと似ているが、それが解決した後の理想像をイメージさせる点により重きを置いているのが、このフレームワークの特徴だ。

　解決策の説明が少し複雑になりがちであったり、インパクトに欠けそ

図2　BABフレームワーク文章の例

<table>
<tr><td></td><td>お世話になっております。
株式会社〇〇〇の三友です。</td></tr>
<tr><td>Before</td><td>今回は中小企業向け電気代削減サービスのご案内です。
毎月の電気料金を少しでも削減したいものの、

「省エネのノウハウがない」
「時間や手間はかけられない」
「省エネ設備にお金をかけることも難しい」

といったお声を企業の経営者やご担当者の方々からよくいただきます。リソースが限られがちな中小企業では、特に切実なお悩みです。</td></tr>
<tr><td>After</td><td>もし予算や人手といったリソースをかけずとも、毎月の電気料金を手軽に削減できる方法があれば、多くの企業にとって助けになるはずです。毎月の削減額をコツコツと積み上げることで、長期にわたって大きな利益につなげることができます。そうして生まれた余剰資金によって、他の分野への投資を手厚くする企業も多くあります。</td></tr>
<tr><td>Bridge</td><td>そこで特別な省エネウハウや高額の初期費用を必要とせず、手軽に電気代を削減する省エネサービスを始めました。経費削減に悩む中小企業にありがちな課題に特化しています。特に業務要空調・冷凍機の利用が多い施設ほど効果的です。詳細は製品ページをご覧ください。

https://example.com/</td></tr>
</table>

架空の省エネ機器を対象にしたもの

うな場合は、理想像を真っ先に強調するこのフレームワークが役立つだ
ろう。

AIDAフレームワーク

AIDAフレームワークの流れは、次のようになる。

- Attention：あなたの興味関心はこれですか？
- Interest：関心を持つだけの理由や価値があります
- Desire：これを聞いたら欲しくなりませんか？
- Action：ぜひこのアクションを実行してください

　相手の興味関心とこちらの訴求を結びつけるために、ストーリーテリングの力をより活用するフレームワーク。魅力的なコンセプトや体験談なども織り交ぜつつ、相手の興味関心のツボを突くことができれば、大きな効果を発揮できる。

　一方で前に紹介したPAS・BABフレームワークと比べると、伝える内容が多くなりやすいため、うまく処理しないと単に冗長なだけになってしまう。特に検討する「動機」が低い相手だと、離脱される恐れも高くなる。そのため、このフレームワークをメールで使うかどうかは、伝える内容の魅力と、相手の「動機」「能力」の高さとのバランスを考慮する必要がある。

図3 AIDAフレームワーク文章の例

	お世話になっております。 株式会社○○○の三友です。
Attention	今回は中小企業向け電気代削減サービスのご案内です。 予算や人手といったリソースが限られがちな中小企業でも、毎月の電気代を手軽に削減できる方法です。
Interest	空調・冷凍機を制御することで、電気使用料を削減します。機器の設置は数時間です。設置したその月から、電気料を削減できます。削減率の目安は15%です。
Desire	すでにオフィスや医療施設、工場を中心に、4,000件以上の施設でご導入いただいています。 「電気代の高騰に悩んでいましたが、この機器の導入で約20%は削減できそうです」：自動車部品メーカーさま 「まずは試算をお願いするところから始めました。導入する際の疑問にも丁寧に答えもらえました」：娯楽施設運営会社さま 「思ったよりもあっさり導入でき、室内環境も快適です」：介護施設運営会社さま 「設置後のサポートも手厚く、本当に心強かったです」：不動産会社さま
Action	まずは削減額を試算できる無料のシミュレーションをお試しください。室外機のメーカーや型番、年間稼働時間などから削減額を試算いたします。詳細は製品ページをご覧ください。https://example.com/

架空の省エネ機器を対象にしたもの

 ## 効果的なCTAのポイント

アクションを促すメールには、次に必要な行動と導線を示すCTAが必須だ。よいメールには、実現したい目的と、それを可視化した適切なCTAが備わっている。

流し読みが前提のメールにおいて、効果を発揮するCTA設置のポイ

ントは次の3つだ。

1 CTAの存在を真っ先に認識させる
2 CTAの内容を理解しやすくする
3 CTAのハードルを調整する

つまりCTAを認識・理解しやすくした上で、さらにクリックしやすい作りにするのだ。

1. CTAの存在を真っ先に認識させる

「アクションを促すメール」ならば、まずその点を真っ先に認識してもらいたい。その心づもりでメールを読み始めてほしい。

そのためにメールの冒頭（ファーストビュー）にCTAを設置する。細か

図4 メール冒頭でのCTA設置例

お世話になっております。
株式会社○○○の三友です。

今回は中小企業向け電気代削減サービスのご案内です。
　詳しくはこちら

毎月の電気料金を少しでも削減したいものの、

～（中略）～

とはいえ手を付けやすいやり方が見つからない。そこで特別な省エネノウハウや高額の初期費用を必要とせず、手軽に電気代を削減する省エネサービスを始めました。経費削減に悩む中小企業にありがちな課題に特化しています。詳細は製品ページをご覧ください。
　詳しくはこちら

架空の省エネ機器を対象にしたもの

い情報は後回しだ。長々と説明した後に、やっとCTAが出てくるような悠長な作りでは、クリックされる機会を逃してしまう。もちろん併せて細かい情報も掲載したいことは多いだろう。その場合は、冒頭にメールの概要とCTAをまず置いた上で、その後に詳細情報が続く構成にするとよい。

2. CTAの内容を理解しやすくする

仮に「詳しくはこちら」というCTAテキストがあったとする。でも「詳しく」が何を指すのか、本文を少し読み込まないとわからない。これではアクションを取りづらくなってしまう。「お酒に酔った人でも理解しやすいか？」という条件から外れることにもなる。

図5 メールの目立つ要素だけで概要が伝わるようにする

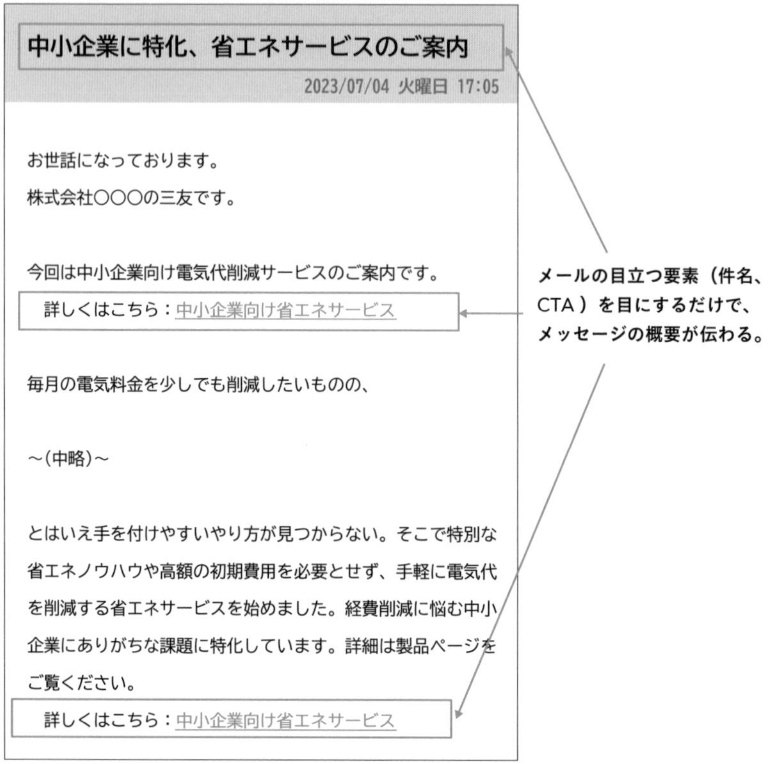

中小企業に特化、省エネサービスのご案内
2023/07/04 火曜日 17:05

お世話になっております。
株式会社○○○の三友です。

今回は中小企業向け電気代削減サービスのご案内です。
詳しくはこちら：中小企業向け省エネサービス

毎月の電気料金を少しでも削減したいものの、

〜（中略）〜

とはいえ手を付けやすいやり方が見つからない。そこで特別な省エネノウハウや高額の初期費用を必要とせず、手軽に電気代を削減する省エネサービスを始めました。経費削減に悩む中小企業にありがちな課題に特化しています。詳細は製品ページをご覧ください。
詳しくはこちら：中小企業向け省エネサービス

メールの目立つ要素（件名、CTA）を目にするだけで、メッセージの概要が伝わる。

「詳しくはこちら：中小企業向け省エネサービス」という風に、CTAテキストをより具体的にするやり方が一つ。

さらにメールの構造を考慮した工夫もしたい。流し読みしている購読者が目にするメールの要素は、件名や画像、見出し、CTAテキストといった目立つ部分だ。だからそうした目立つ要素を眺めるだけで、メールの趣旨や求めるアクションが伝わるようにするのだ。例えば件名や見出しのテキストとCTAのテキストを対応させる、といったやり方だ。

3. CTAのハードルを調整する

CTAをクリックするハードルを調整する工夫は、2つある。

1つはCTAテキストのコピー。相手の気持ちに合わせたコピーにする必要がある。例えばセミナーの申し込みにつなげたいCTAテキストであれば、適切なのは次のうちどちらだろうか？

- セミナーに登録する
- セミナーの詳細をみる

もちろん場合による。読み手の気持ち次第だ。

CTAテキストを目にした時点で、すでに参加の意思を決めているはず、決められるだけの情報は提供した。そう判断できるのであれば、「セミナーに登録する」がよいだろう。

しかし読み手の心がまだ決まっていないのであれば、「セミナーに登録する」では、少しハードルの高さを感じさせてしまう。「セミナーの詳細をみる」にとどめたほうが、相手の気持ちにマッチしやすいだろう（ちなみにその場合は、セミナー詳細ページを見たくなるか？ という観点で、メールに記載すべき情報を取捨選択していく）。

小さな違いかもしれないが、こうしたちょっとした気持ちの引っかかりを潰していくことが重要だ。

2つ目の工夫は、アクションに移すハードルの高さの調整だ。どんな

にCTAテキストを工夫しても、そもそも求める内容のハードルが高すぎたりすると、どうしようもない。

それでは適切なCTAハードルの高さについて、どう考えればよいだろうか？ それは、メールの目的とプロダクトの特徴によって整理できる。

まずメール配信の目的は、次の4つに分けられる。下にいくほどハードルが高くなる。

1 購読者との日常的な接点をつくる（メルマガを購読している状態）
2 購読者のデータを収集する（属性・行動データ）
3 商談のアポを取得する
4 プロダクトを販売する

一方で、プロダクトの特徴は、低リスクと高リスクの2つに分けて考える。

低リスクプロダクトが対象の場合、メールだけで販売までつなげられることも多い。そのため最優先の目的はプロダクト販売で、次に商談アポの取得、データ収集が続く。

高リスクプロダクトが対象の場合、メールだけで販売までつなげることは難しいことが多い。その後に営業スタッフなどによるフォローとクロージングが必要になる。その場合は、まず商談アポの取得が最優先で、次にデータ収集が続くことになる。

図6 メールの目的（プロダクトの特徴ごと）

	1.購読者との日常的な接点をつくる	2.購読者のデータを収集する	3.商談のアポを取得する	4.プロダクトを販売する
A:低リスクプロダクト	KPI[※1]	KPI	KGI[※2]候補	KGI候補
B:高リスクプロダクト	KPI	KPI	KGI候補	

※1 Key Performance Indicator：重要業績評価指標
※2 Key Goal Indicator：重要目標達成指標

つまり商材の特徴によって、メールマーケティングで狙えるゴールは変わってくるのだ。

ここだけ理解！

**フレームワークとCTAを目的に沿って使用し、
簡潔かつ明確な一貫性のあるメールを
作成することで、アクションを効果的に
促すことができる。**

07 複数メールによる アクション喚起

執筆：三友直樹

最適なメールを送信するために、購読者ニーズによって自動で送り分ける。そのための軸は、大きく分けて2つある。一つは購読者による過去の閲覧行動、もう一つは日にちや日数を起点としたタイミングだ。

シナリオメールとステップメール

起こしてもらいたいアクションのハードルが高ければ高いほど、メールを複数回に渡って送る余地が大きくなる。しかし毎回同じ内容のメールを送りつけるようでは、嫌がられてしまうだろう。

相手に相応しいタイミングや興味関心を考慮しながら、送信内容を調整できると、より高い効果を期待できる。そのための手段が、**シナリオメール**と**ステップメール**だ。どちらも特定のアクションを起こすことを目的として、単一もしくは複数のメールを送信する。「適切な内容を、適切なタイミングで送りたい」という意図は同じだが、少し違いもある。

シナリオメールは、購読者の行動（メールの開封や購入、申し込み、Webページへのアクセスなど）を起点としてメールを送信するのに対して、ステップメールでは、特定の日付や日数が送信の起点になる（購入から何日後にメールを送信、など）。

それぞれの特徴は、図1のようになる。

相手の文脈に沿ったメールを送信するために、行動起点とスケジュール起点のどちらがよいかは場合による。

図1　シナリオメールとステップメール

	発動の起点	主な活用例	メリット	デメリット
シナリオメール	購読者の行動（メールの開封や購入、申し込み、Webページへのアクセスなど）を起点にする。	・メルマガ購読者にWelcomeメールを配信 ・プロダクトページを複数回みた閲覧者に面談打診メールを配信 ・購入者に対して、クロスセル商材の案内を配信	メール配信のきっかけが実際の行動となるため、ニーズが高まったタイミングで訴求しやすい。唐突な配信になりづらい。	行動データを発生させるために、数多くのコンテンツが必要になる。
ステップメール	特定の日付や日数を起点にする。	・契約更新のお知らせを購買から1年後に配信 ・カンファレンス開催の1カ月前に登録訴求メールを配信 ・メルマガ購読後から1カ月間に渡って、ブランド訴求メールを複数通配信	特定のタイミング（購買や会員登録など）を起点として、日数ベースで配信スケジュールを決める必要性が高い場合は、配信工数を削減できる。	日数ベースでの配信となるため、必ずしもニーズが発生しているとは限らず、唐突な配信となる恐れもある。（その場合は、特定の行動を取った購読者だけに配信するなど、シナリオメールの要素も加える）

 カンファレンス申込みの訴求例

　例えば有料ビジネスカンファレンスへの申し込みを促すシナリオメールを例に考えてみよう。参加費は数万円と比較的高額だが、毎年参加するようなエンゲージメントの高いファンも存在するイベントだとする。

　まずは初回の訴求メールを送る、開催までにまだ時間もある、というタイミングであれば、全員に対して下記のようなカンファレンスの魅力を純粋に訴求してよいだろう。

- 参加によって得られる知見やノウハウ
- 登壇者の顔ぶれ
- 早期申込者向けの特典（主催者による無料コンサルや特別資料の提供など）
- アーリーバード[1]（早割り）のチケット価格

※1　early bird。短期間での期限付きの景品や特典、価格のこと指す。

この段階で早々に申し込んでくれる人は、非常にエンゲージメントが高い層だとみなせる。カンファレンスが楽しみで仕方ないという意味では、「うきうき」検討層に分類できる可能性もある。

しかしそうした層の割合は、全体からすると限られる。多くを占めるのは、「念入り」検討層である可能性は高い。なにしろチケット代が比較的高い、上司に参加する理由を説明しないといけない、参加報告も求められる、しかも時間も丸一日とられるとなれば、期待外れだったときのリスクに敏感にならざるを得ない。そのため、まだ申し込んでいない層に対して、よくある疑問に答えて懸念を払拭することも有効だ。

■ 具体的にどんなノウハウを得られるか？（前年のハイライト集や登壇者の詳細紹介）
■ その他のよくある質問（現地参加とオンライン参加の違いや、講演録画動画の有無、グループ割の有無など）

一方でこうした訴求を続けても、まだ動かない、開催直前になっても申し込みがない、という層に対しては、同じ訴求を重ねてその気になってもらえる望みは薄い。「いま動かないとよい機会を逃しますよ」、という「せっかち」検討層向けの訴求も有効だ。

■ チケットのアーリーバード価格がまもなく終了する
■ 今年しか得られない特典がある

さらに開催直前になったら申込者にリマインドメールを送る、開催中のアンケート回答内容に応じて、次の訴求メールを送る、といったことも考えられる。

このように**相手の行動**（申し込み有無や関連ページの閲覧有無など）**とタイミング**（開催までの期間）**によって、配信内容を送り分ける**ことで、より高い効果が期待できる。

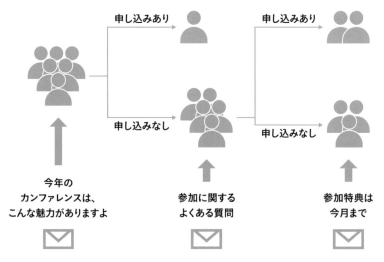

図2 シナリオ・ステップメールによる訴求イメージ

申し込みあり

申し込みあり

申し込みなし

申し込みなし

今年の
カンファレンスは、
こんな魅力がありますよ

参加に関する
よくある質問

参加特典は
今月まで

 配信頻度の重要性

　メールで大きなアクションを促すためには、日頃から一定の配信頻度で有用な情報を送りながら、「Give」を積み重ねることが重要だ。

　普段ろくに連絡もよこさない人から、いきなり大きなお願いごとをされたらどう感じるだろうか。自分の都合がよいときだけ、と不信感がわくのではないか。つまりCTAのハードルをどう設定するかは、日頃の配信頻度とも関係する。しかし配信頻度を上げるべきという話には、懸念も付きまとう。「頻度が高すぎると嫌がられるのでは？」「どれくらいの頻度が適切なのか？」といった風に。

　確かに配信頻度が一定の高さを超えると、開封率やクリック率は下がる傾向にあることを示す調査データはある。約60万人を対象に、約2億通のメールを解析した調査[2]によると、次のような傾向がみられた。

※2　https://www.validity.com/resource-center/frequency-matters/

- 配信頻度が週2回のときの平均開封率は30%
- それが週7回になると平均開封率は15%に半減

　しかし、それだけでは配信頻度を下げる理由にはならない。このような調査結果はあくまで一般的な傾向であるため、どんな場合でも必ず下がるわけではない。またそもそも最大化すべきは開封率やクリック率ではなく、最終成果だ。仮に配信頻度を上げたことで個々のメールの開封率がある程度下がったとしても、配信回数の増加によって、問い合わせや売り上げなどのマーケティング貢献が最大化できるならば、取り組みとして成立する。

　そうした意味では、**マーケティングの最終成果から逆算して、配信頻度を決める**考え方も必要だ。

一般的な配信頻度は？

　一般的な配信頻度はどれくらいなのか？

　データソリューションツールを提供するDatabox, Inc.が、75人のマーケティング担当者を対象に調査[3]している。それによると、週1回で配信すると答えた割合が最も多く（45%）、次いで週に数回（約30%）、毎日（10%以下）といった回答が続く。

　まずは同調査で最多となった**週1回の配信頻度から始める**ことは妥当だろう。必要であれば、配信頻度を少しずつ上げていけばよい。

　しかしメールを週に何通も送るには、それなりの制作リソースや運用体制が必要になることを考えると、メールの送りすぎ問題に直面する企業は、現実的には多くないはずだ。

※3　https://databox.com/email-marketing-sending-frequency/

とはいえ、「こちらからのメール配信が購読者のストレスになっていないか？」「本当に一定の「Give」になっているのか？」といった点を随時確認していく必要はある。

その際は、メルマガの**配信停止率**が参考になる。配信停止率とは、実際に購読者に届いたメールのうち（到達数）、配信停止された割合を指す。配信停止リンクをメルマガ内に記載することは、法律（特定電子メールの送信の適正化等に関する法律）によって定められている。必ず記載するようにしよう。

一般的には、配信停止率が0.1〜0.2%以下であれば問題ない。メール配信ツールベンダーのMailchimpによる調査結果[4]でも、多くの業界での平均配信停止率が、概ねこのレンジに収まっていることを示している。

 プロダクトの売り込みはしてもよい？

嫌われるメールと言われて真っ先に思い浮かぶのが、プロダクトの売り込みメールではないだろうか。「唐突に営業メールを送りつけられた」という体験は気分のよいものではない。配信停止にしたくもなる。とはいえメールマーケティングに取り組む配信側からすると、プロダクトにまったく触れないわけにはいかない。さじ加減に悩みやすい点だ。

こうしたハレーションを避けながら、**プロダクト情報を伝えるコツは、「少しの訴求を高い頻度で」すること**。この場合の「少しの訴求」というのは、次の3つの組み合わせによって実現する。

1 訴求方法の工夫
2 露出機会の工夫
3 露出量の工夫

※4　https://mailchimp.com/resources/email-marketing-benchmarks/

1.訴求方法の工夫

プロダクト情報をそのまま伝えて喜ばれる場合というのは限られる。例えばニーズ顕在層が相手のとき、もしくは「うきうき」検討層のように商品検討そのものを楽しむ人たちが相手のときのように。

そうでない相手にもプロダクト情報や自社の強みに触れてもらうなら、工夫が必要だ。この場合は、相手にとって「Give」になる情報も併せて盛り込む。その流れの中で、プロダクト訴求にもつなげる、というやり方だ。

どんな情報が「Give」になるかは、相手のフェーズによる。前章で紹介したフレームワーク（図3）で考えてみよう。

プロダクトへのニーズがまだ顕在化していない人が相手なら、プロダクト情報そのものではなく、そのベネフィット貢献に関連するお役立ち情報がよいだろう。例えば先に紹介したチャットツールであれば、コスト削減や業務のDX化などがそれにあたる。

もう少し検討が進んだ相手なら、メリットフェーズのトピックを提供できる。より細かいプロダクト情報につなげても、ハレーションは起き

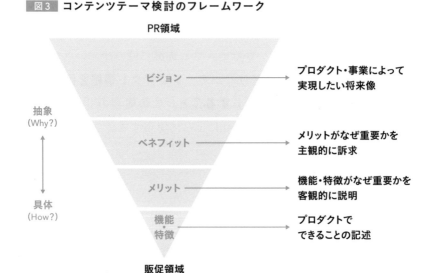

図3 **コンテンツテーマ検討のフレームワーク**

PR領域

ビジョン —— プロダクト・事業によって実現したい将来像

抽象
(Why?)

ベネフィット —— メリットがなぜ重要かを主観的に訴求

メリット —— 機能・特徴がなぜ重要かを客観的に説明

具体
(How?)

機能・特徴 —— プロダクトでできることの記述

販促領域

にくいだろう。

相手にとって「Give」になる情報は何か？、それとプロダクト情報はどう関連づけられるか？　この2つを念頭に置きながら訴求メールをつくってみよう。

2. 露出機会の工夫

ちょっとした機会でよいから、プロダクトを露出するタイミングはないか。そうしてつぶさに探していくと、それなりの機会をかき集めることができる。

例えば先に紹介したシナリオメールやステップメールを使えば、次のような訴求が可能になる。

- メルマガに登録した直後にWelcomeメールを送付。自己紹介として、自社の取り組みやプロダクトにも触れる
- セミナー後のアンケートで、「製品に興味がある」と答えた人に対して、プロダクト紹介資料を送る
- 製品Aを購入した直後の顧客に対して、関連性の高い製品Bに関する情報を送る
- 次回の購買が発生し得るタイミングを見計らって、リピート購入を訴求する

このように、**プロダクト情報に触れてもらえるちょっとした機会を網の目のように張り巡らせる**。反対に、ここぞという訴求をたまにするだけでは、閲覧されなければそれで終わってしまう。

また**定期配信するメルマガに、プロダクトや自社情報を毎回掲載することも有効**だ。もちろんメインの情報としてではなく、メルマガの最後尾に軽くのせる程度。役割としては、プロダクトの訴求というより、自己紹介に近い。

読み手としては、情報の内容だけでなく、誰が言っているかという点

図4　メルマガ最後尾にある自己紹介パートの例

中小企業に特化、省エネサービスのご案内

2023/07/04 火曜日 17:05

お世話になっております。
株式会社〇〇〇の三友です。

今回は中小企業向け電気代削減サービスのご案内です。
　詳しくはこちら：中小企業向け省エネサービス

毎月の電気料金を少しでも削減したいものの、

〜（中略）〜

手軽に電気代を削減する省エネサービスを始めました。経費
削減に悩む中小企業にありがちな課題に特化しています。
詳細は製品ページをご覧ください。
　　詳しくはこちら：中小企業向け省エネサービス

株式会社〇〇〇は、中小企業のコスト削減を支援します。
人手や予算などが限られる企業が、電気代などの固定費を
手軽に削減できる手段を揃えています。
　　⇒中小企業向け省エネサービス
　　⇒空調の効果改善
　　⇒補助金申請

← メルマガの最後尾の
　自己紹介パート

も気になるもの。しかしどのメルマガをどんな企業が出しているかな
ど、しっかり覚えている人はあまりいない。だから「ちなみに配信して
いる私たちはこういう者です」というちょっとした自己紹介パートをメ
ルマガの最後尾に毎回掲載。プロダクト情報ページなどへのリンクも記
載しておく（図4）。

　これであれば「売りつけられた」という印象にはならないし、いざ
ニーズが発生したときには、問い合わせや購買といった次のステップに
進む機会につながる。購読者との主な接触機会となる定期メルマガで、
自社に関する情報も導線もないのはもったいない。

3. 露出量の工夫

　成績の低い営業スタッフは、相手が聞きたいことを考慮せず、プロダクトのアピールを一方的にまくしたててしまう、という話がよくあるが、マーケティング担当者にも参考になる話だ。

　相手が知りたい内容に合わせてコンテンツを作ろうとすれば、プロダクト情報が占める割合は自然と調整されるはず。

　興味関心の中心が「ベネフィットフェーズ」のトピックにあるときと、「機能・特徴フェーズ」にあるときでは、適切なプロダクトの内容と量は異なる。「機能・特徴フェーズ」のトピックをニーズ潜在層に向けて配信すれば、「一方的にまくしたてられた」と感じるはずだ。

　だから**相手が興味関心のあるフェーズに合わせて、プロダクト情報の露出量と内容を調整しよう**。

図5 フェーズごとで伝えるプロダクト情報量のイメージ

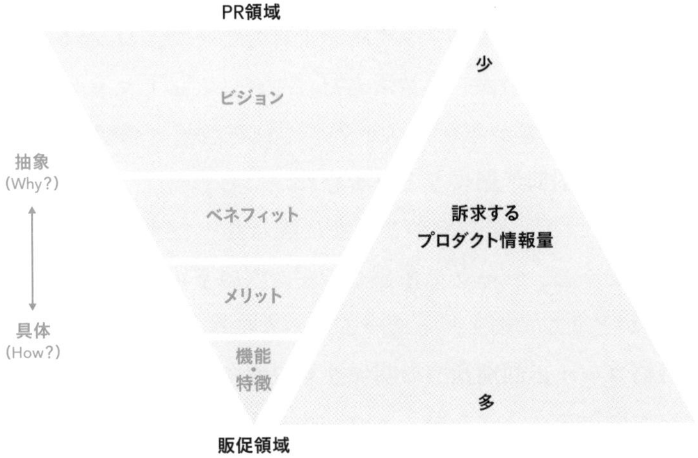

PR領域

ビジョン

少

抽象
(Why?)

ベネフィット

訴求する
プロダクト情報量

メリット

具体
(How?)

機能
特徴

多

販促領域

> **ここだけ理解！**
>
> **複数回に渡ってメールを送る場合は、
> シナリオメールとステップメールを状況に応じて
> 使い分けることでより高い効果が期待できる。**

08 メールマーケティングの KPI設計と運用

執筆：三友直樹

メールマーケティングの成果を測る。どこまで厳密にすべきかは場合による。ただ何らかの最終成果への貢献まで測るのであれば、適切な設計や管理が必要になる。その基本的な考え方を解説する。

メールマーケティングの成果計測

メールマーケティングの成果計測というと、枝葉の指標の話に終始してしまうことも多い。目先の開封率やクリック率、コンバージョン率についての話だ。もちろんこうしたKPI指標は大事だが、**まず押さえるべきは最終ゴールである KGI**（重要目標達成指標）**と KPIの関係性**だ。

あるメールの開封率やクリック率を上げたことで、コンバージョンとしてのセミナー申込数が一定数増えた。それによってマーケティングのKGIにどういう影響がありそうか？　これを数値で説明できないのであれば、単なる個別最適にとどまる恐れがある。

「今週のメルマガの開封率がこんなに跳ねた！」という盛り上がりに終始してしまうと、マーケティングチーム内のうちわ受けになってしまう。「それがどうしたの？」とチーム外の人に言われてしまうだろう。

逆に最終ゴールと個別指標の関係性を説明できれば、今このタイミングでどんな施策を行うべきか、という共通認識を関係者の間でつくることができる。つまりKPIが「組織を動かす力学」になるのだ。

だから成果計測にあたっては、次の2点が重要になる。

- **集客から購読、マーケティング KGI までを含めた全体プロセスを設計・計測する**
- その中における**個々のメールの成績を計測する**

ただ、こうした数値管理をどこまで厳密にやるべきかは、場合による。自社の目的や状況に応じて検討しよう。

✉ 全体プロセスを設計する

　全体プロセスは、例えば図1のような流れを指す。

　この流れをどこまで細かく、かつ厳密に計測したいかは場合による。例えば非常に小規模なECサイトであれば、購読者数＝見込み客数とみなして運用できてしまう場合もある。一方で、BtoBプロダクトのように「見込み客」や「顧客」の定義をより細かく分けるべき場合もある。

　いずれにしても、全体プロセスを設計する上で重要になるのが、**最終ゴールまでのボトルネックを発見できるようにする**こと。まずは図1のように、シンプルで単純な粒度での設計で構わない。

　そこから必要に応じて、徐々に細かくしていくのがよいだろう。「見

図1　全体プロセスの設計例と5つのポイント

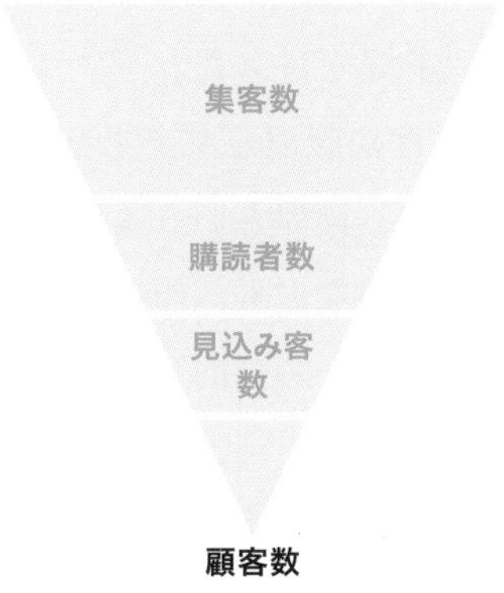

```
集客数

購読者数

見込み客
数

顧客数
```

1.定性的に定義できる
「購読者」や「見込み客」「顧客」といった人たちのニーズや人物像は？

2.定量的に定義できる
定性的な定義だけでは足りない。それを属性項目で定量的に表現できないと、計測も配信リスト化もできなくなる

3.項目同士のつながり（相関関係）がある
例えば「購読者」の増減は、「見込み客」の増減に影響するか？両者のつながり（相関関係）がまったくないのであれば、ボトルネックの発見や分析などがそもそもできない

4.適切に分ける
項目同士の相関関係は、全体の数だけみてもわからないことが多い。属性別や登録ソース別など、適切に分類・比較することで、傾向がよりみえてくる

5.管理できる粒度で分類・比較
リストを細かく管理できるにこしたことはないが、その分だけ管理や配信の手間もかかる。自社のリソースも考慮しよう

込み客」や「顧客」の定義を複数に分ける、購買検討を一旦断念した人たちの管理方法を定義する、といった具合に。

次にボトルネックを探す。例えば顧客数が足りていない原因は、「見込み客数の不足なのか？」「購読者数の不足なのか？」「それとも購読者から見込み客への転換率の低さなのか？」といった具合だ。

ボトルネックを洗い出せたら、**改善のインパクトや手間などを考慮しながら、実施する内容と優先順位を決めていく。**

個別のKPI指標と全体プロセスの関連が明確でない段階で、メールの読了率やフォームの入力率といった、より細かい改善施策に進んでしまうと、袋小路に陥るため注意しよう。

またボトルネックを探すときの分析は、場合に応じて次のような切り口での比較も検討しよう。こうした切り口によって、ニーズの内容や検討熟度の濃淡が異なることが多いからだ。

■ 属性別
■ 登録ソース別
■ 行動別データ（購買者と非購買者の比較など）

どの切り口で数値を分けるべきかは、ケースバイケースだ。

例えば、単一のSaaSツールを複数の業界向けに販売している場合、業界ごとにニーズが異なることが考えられるため、業界という属性別で分析する必要性が高くなるだろう。企業規模や役職なども、傾向の違いが出やすい切り口だ。また登録ソースによって、ニーズの内容や検討熟度が変わることも考えられる。

購読者のニーズや購読時の期待値などにバラつきがある場合は、リストを分けて数値をみるようにしよう。

よくある顧客化プロセスは「逆算」で探す

　全体プロセスを設計しよう、といっても迷う点は多いだろう。「主な登録チャネルはどこか？」「見込み客の定義はどんな条件？」「顧客化に有効なコンテンツは何か？」など、こうした点を考える大きな拠り所は、すでに顧客になっている人たちの傾向だ。購読から顧客までの成功ルートをたどってくれた人たちの特徴から、逆算で探っていくのだ。

　特徴をみるための材料は、属性データと行動データの2つに分けられる。

- 属性データ：性別・年代や居住地域、業種、職種、企業規模など
- 行動データ：Webページのアクセスや参加したセミナー、ダウンロードした資料、購買履歴など

　既存の顧客とその他の購読者を比べたときに、「属性データと行動データにどういう違いがあるか？」「既存顧客の属性データに偏りはあるか？」「既存顧客が特に閲覧しているページやメールはあるか？」といった点を探っていく。

　それによって「違いがあるとしたら、理由は何か？」「顧客化に必要

図2　顧客化に有効な手段を探す

×見込み客の属性や閲覧行動を中心にみる

◎すでに顧客になった人たちの属性や閲覧行動を優先的にみる

既存顧客の属性や行動が大きな手掛かりになる

な訴求について、どんな仮説が考えられるか？」といった解決策につながる検討を進めるのだ。

メールマーケティングを始めたばかりで、まだ購読から最終ゴールにまで至った顧客のデータが少ない。もしそういう状態であれば、まずは**施策を走らせてデータを溜めるところから始めよう。**

もちろん闇雲にメールを配信するのではなく、検証すべき仮説、例えばどんな層にどんな訴求をすべきなのか、各プロセスの歩留まりはどれくらいになりそうか？といったたたき台は用意しておく。

メール配信を始めるときは、なるべく販売により近いフェーズのトピックから手をつけるのがよい。本書で紹介したフレームワークでいうと、「機能・特徴」フェーズのトピック。一例として、事例やプロダクト情報の紹介セミナーなどが当てはまる。なぜならニーズ潜在層向けになればなるほど、配信トピックの選択肢は多くなり、それゆえに、勝ち筋の配信トピックやターゲット層を探す難易度が上がるからだ。

だからまずは「機能・特徴」フェーズにちかいトピックをなるべく多く配信して、どんな購読者層がどう反応するか確認してみよう。

このように施策を実施してデータを溜めていくと、当初の想定と異なる部分は必ず出てくる。

■ 当初の想定と異なるコンテンツへの反響が大きい
■ 顧客化への転換率が伸びない
■ 当初の想定と異なる層による反応が大きい

こうした問題点に関する分析を進めていく。しかし大抵は見込み客や顧客に関する理解をより深めないと、筋のよい解決策が出てこないことも多い。

その場合は、顧客との接点が多いスタッフ（営業や販売員、カスタマーサ
ポートなど）へのヒアリングや、購読者へのアンケートといったインプッ
トの機会を設けよう。この時点ではマーケティングの課題がより明確に
なった分、聞くべき内容も絞りやすくなっているはずだ。

個々のメールの計測

　「配信したメールがどれだけ閲覧されたのか？」「狙うアクションを引
き出すことができたのか？」これらを計測するために使える指標は、よ
く紹介されるように次の3つになる（メールの不達率などほかの指標については、
Chapter 7で解説）。

- 開封率：メールが開封された割合。母数はメールの到達数
- クリック率（CTR）：メール内のリンククリック率。母数はメールの到達数
- 反応率（CTOR）：メール内のリンククリック率。母数はメールの開封数

　開封率が高いということは、件名のコピーへの興味関心、もしくは差
出人の名前への信頼や期待値が高かったためとみなせる。
　クリック率と反応率は、一見して似ている指標だ。ただ一般的に多く
の配信者が知りたいことは、開封してくれた人によるリンクへの反応だ
とすると、反応率をみるのが適切だろう。クリック率の場合、母数が
メール到達数になるため、開封率にも影響されてしまうからだ。
　そうした数値を見るときに、他社の開封率やクリック率が気になると
ころ。ただ、メールの成績に影響する変数（配信頻度や配信リストの質・数、
配信テーマ、コンテンツの質、業種など）は多く、まったく同じ前提で配信し
ている企業は非常に限られるため、あくまでちょっとした参考値として
認識しよう。
　気になる場合は、外部の調査レポートや記事などで調べてみよう。例え
ばMailchimpは、ジャンル別の平均開封率やクリック率の調査結果[1]を

公開している。

 深い指標まで紐づけてみる

　こうした**KPI指標を組み合わせてメールの成績を評価する場合は、できる限り深い指標まで紐づけてみることが重要**だ。

　例えば、フォーム入力をコンバージョンとする「メール1」と「メール2」があるとする。開封率が高いのは「メール2」だが、最終的なコンバージョン数が多いのは「メール1」になる。開封した人による反応率が、「メール2」より高いことが大きく効いているからだ。

図3　メールの配信結果例

	配信数	開封率	開封数	反応率	クリック数	CV率	CV数
メール1	10,000	20%	2,000	20%	400	10.0%	40
メール2	10,000	25%	2,500	15%	375	10.0%	38

ここだけ理解！

メールマーケティングの成果計測は、集客から購読、マーケティングKGIまでを含めた全体プロセスを設計・計測することと、その中における個々のメールの成績を計測することが重要。

※1　https://mailchimp.com/resources/email-marketing-benchmarks/

Chapter

6

メルマガの
実践的な運用フロー

メルマガを始めるとして、具体的に何から手をつければいい
のだろうか。ここでは、クマベイスメルマガを例に、実践的な
メルマガ運用フローを解説する。

01 戦略と体制

執筆：田中森士

メールマーケティングに取り組む以上、マーケティング戦略が不可欠だ。同時に、継続して続けられる体制構築も求められる。これら2点をクリアしてはじめてメールマーケティングのスタート地点に立ったといえる。

「自社のスタンスを理解してほしい」思いが起点

　メールマーケティング戦略は業種や目的によって異なってくる。ケースバイケースであり、戦略に正解はない。しかしながら、**目的を明確にし、ターゲットを定め、ゴールまでの旅路を設計する**ことが求められる点ではいかなるケースでも共通している。これらの点を可視化しておくことで、着実にゴールに近づいていく。

　筆者が発行責任者を務める「クマベイスメルマガ」の場合、以下のように設定している。

- 目的：クマベイス社のコンテンツマーケティングに対しての考え方、およびパーパスを伝え、最終的にビジネスにつなげること
- ターゲット：地方の中小企業の経営層・マーケティング担当者
- 目標：クマベイス主催のイベント参加、クマベイスが提供するサービスへの申し込み

　目的については、クマベイス社のスタンスを理解してもらいたいという思いを起点に定めていった。

　クマベイス社では、主に事業会社に対しコンテンツマーケティングのコンサルティングやコンテンツ制作などのサービスを提供している。日々、全国各地から仕事の相談をいただくが、極端な「刈り取り型」を

含む、相手を不快にさせるような非倫理的なマーケティング施策のサポートを相談者から依頼されることも多い。

　本書の内容がそうであるように、クマベイス社では、倫理的かつ人間味のある、関係性構築を重視したマーケティングが重要であると考えている。仕事の相談を受けた結果、考え方が合わないと感じればお断りさせてもらっている。

　協業の可能性が小さいものであれば、相談からヒアリングまでの時間は、双方にとって有意義とはいえない。こうした時間をなくすことも、メールマーケティングの目的に含めた。

　ターゲットは、地方の中小企業の経営者・マーケティング担当者に定めた。クマベイス社を設立した当初、地域に根ざし、地方を盛り上げるため、地方企業のサポートをしていこうと考えていた。したがって、メルマガについても先述のようなターゲットとしたわけだ。

　予想に反して、メルマガを続けるうちに、東京など大都市圏の購読者も増えた。大企業のマーケティング担当者や首都圏の中小企業の経営者、フリーランスのクリエイターが中心である。コンテンツマーケティングに関する情報が日本では手に入りにくい事情もあったと想像する。

　もちろん、当初のターゲットの購読者も一定の割合で存在するし、今でもターゲットは変えていない。仮にぼんやりと「マーケティング担当者」などというターゲットにしていたら、メールマーケティングが機能していなかったと考える。詳しくは効果測定の部分で後述するが、結果的には全国各地からの案件受注につながっている。

　目標については、クマベイス主催のイベント参加、クマベイスが提供するサービスへの申し込みと設定した。ただし、これはあくまで中長期的な目標であり、「いつまでにどれだけの数字につなげる」という目標設定はしていない。数字を追いかけてしまうと、途端に営業めいたコンテンツとなってしまうからだ。

クマベイス社では、**メールマーケティング戦略を可視化**している。図で表すと図1のようになる。

図で示すことで、関わるメンバー全員の意思統一ができ、ぶれずにメールマーケティングに取り組むことが可能となる。

戦略図作成時に意識したいのが、**どのように購読者を獲得するか**、そして**どのように目標につなげるか**の2点だ。購読者獲得のチャネルと目標までの道筋がなければ、マーケティングとは呼べない。

 オーディエンスビルディングは戦略的に

購読者をいかにして増やしていくか。**オーディエンスビルディング**とも称される、メールマーケティングの肝の部分だ。

クマベイス社では、自社Webサイトからメルマガ登録できるように設計している。PC版のWebサイトは、すべてのページ下部に登録フォームを設置。スマホ版では、「メルマガ登録」のボタンを画面下部に表示させている。

図1 **メールマーケティングの戦略図イメージ**

メルマガ登録の導線と目標を図で表す

もちろん、登録フォームの設置だけでは登録につながらない。「クマベイス」といういわばブランド名が世間に認知されることで、誰かがWebサイトを訪問する確率が高まり、メルマガ登録につながるのである。

　クマベイス社の場合、ブランド名の露出、および認知度向上に貢献しているのが、外部媒体への寄稿や電子書籍出版、主催イベントの企画や外部イベントへの登壇である。筆者や社員らが複数の場所で露出し、有益な情報を発信することで、会社に興味を持ってもらえる。この前段を飛ばしてしまえば、メールマーケティングに取り組んだとて結果につながらない。

　外部媒体への寄稿については、これまでマーケティング関係のWeb

図2　スマホ版のクマベイス社Webサイト

画面の下に「メルマガ登録」のボタンを表示させている

図3 クマベイス社主催のイベントの一例

メディアに筆者や社員が寄稿してきた。読者に刺さる内容であれば、書き手や書き手が所属する会社にも興味を持ってもらえる。

　後述する電子書籍は、メルマガの連載をまとめたものだ。ニッチな内容であるため、ニーズが顕在化した層に、会社のことを認知してもらえる可能性が出てくる。

　イベントについては、自社サービスやメルマガのコンテンツと同一ターゲットとなるはずだ。潜在的な購読者と出会えるまたとない機会といえよう。筆者はイベントの最後に「今日話した内容に近いコンテンツをメルマガでも時折書いている。よろしければWebサイトから登録を」と案内することがある。またイベントでは必ずといっていいほど名刺交換の機会が得られるが、会話の中でコンテンツマーケティングに興味がありそうな人だと感じたら、そこでもメルマガ登録をそれとなく案内することがある。いずれのケースも、押しつけるのではなく、あくまで判断を相手に委ねる姿勢が大切だ。

　クマベイスメルマガの場合、コンテンツマーケティングに興味がある人が、人づてで登録してくれるケースも見逃せない。仕事の相談が寄せられる際、「どうやってクマベイス社を知ってくれたのか」「相談の決め手は何だったのか」と質問するようにしている。すると「知人の紹介でクマベイスのことを知り、メルマガを登録した。いつか相談したいと思っており、今回ようやくその機会が訪れた」という回答が得られるこ

とが思いのほか多い。

　クマベイスのように企業相手のビジネスだと、ニーズがすぐに生じるとは限らない。したがって、ブランドを認知してもらい、信頼を得て、いつか訪れるであろう機会を腰を据えて待ち続ける必要がある。クマベイスメルマガは毎週配信しているわけだが、この配信ペースはBtoBビジネスと相性がよい。品質を保ちながら無理なく続けられる。相談者から「実はずっと前からメルマガを読んでました」と告げられたことが何度もある。購読開始から数年後に相談したというケースも目立つ。

　これまで述べてきたもの以外に、セミナー・研修も重要な機会である。自社で主催するセミナーや、企業内での研修が該当する。セミナー・研修の受講者は、講師（筆者やクマベイス社員）と長い時間をともにしており、エンゲージメントが高まっている状態である。最後にメルマガ登録を案内すると、高確率で登録してもらえる。

　押しつけるのではなく、相手に委ねる姿勢を忘れずに、オーディエンスビルディングに取り組もう。

ここだけ理解！

メールマーケティング戦略は、目的、ターゲット、ゴールを明確にする。また戦略図を作ることで、メンバー全員の意思統一ができ、ぶれずに取り組める。

体制構築は図で表すのがベター

体制構築は重要である。しかし、必ずしも専任のスタッフが必要なわけではない。

相手に合わせてコンテンツの内容を変えるパーソナライゼーションを施したり、MAツールを用いるステップメールを展開したりするのであれば工数がかさむため、マーケターなど専任スタッフが必要となるケースもある。しかし、クマベイスメルマガは、ほかの業務との兼務が前提だ。ポイントは、**役割分担を明確に**しておくことにある。

クマベイスメルマガの場合、編集責任者および発行責任者は筆者（田中）が務めている。執筆者は、筆者を含む社内の複数人のスタッフが、編集作業は筆者が担当。配信作業は筆者がメインで社内のスタッフ1人がサブを担っている。リストのメンテナンスは、社内のスタッフ1人が

図1 メルマガの体制図（クマベイス社の場合）

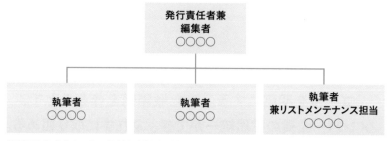

体制図を作成することで役割や責任が明確になる

担当している。メールマーケティングに関わる人数は、メルマガ内のコンテンツの連載数などによって変動するが、筆者を含め常時3〜4人だ。人数は社内の学習効果や作業効率を勘案して決定したが、1人でも運用可能である。

　体制については、図1のように図に表しておく。図には役割も記入する。体制が変わったら、都度体制図に反映させる。

メール配信ツールの選定

　メール配信ツールの検討も体制構築と同じ時期に進める。ツールを使わずにBCCで配信するメルマガも世の中には存在するが、情報漏洩のリスクやリストメンテナンスの工数などを考えると採用し難い。何らかの**メール配信ツールの利用は必須**といえる。

　無料である程度使えるサービスもあるが、企業としてメールマーケティングに取り組むのであれば、有料サービスを選択するのがいいだろう。月額数千円程度で後述のDKIM署名などに対応しており、かつHTMLメールやリスト管理機能を備えたものがある。

　クマベイスメルマガでは、当初からblastmail（ブラストメール）を利用している。メールマーケティングに必要な機能を備えており、かつシンプルなUIで無駄がない。同様のサービスはほかにも存在するので、使い勝手やコストなどを勘案した上で決定するといい。

配信の頻度とタイミングは根拠が必要

　どのくらいの頻度で、いつ配信するのか。実は極めて重要なポイントである。

　配信頻度が高すぎると、コンテンツの質やサブスクライバーのエンゲージメントが低下するリスクが生じる。ブランドや企業を身近に感じてもらえて、コンテンツの質を担保できる。そして「うっとうしい」と

思われない。これらを意識して検討した結果、クマベイスメルマガは週に1回配信することにした。

　原則として、毎週水曜日の午前11時50分に配信している。想定読者を考えると、月曜や金曜は忙しいし、土日に読むような内容でもない。週の真ん中の、昼休みや午後の休憩時間、または仕事終わりの移動中に読んでもらうことを想定した。読者と直接会話する機会も多いが、「届いたらすぐに開封しています」「公共交通機関で移動中に読んでいます」などの声が聞かれる。

　業種によっても、頻度やタイミングは変わってくるだろう。ライトなコンテンツであれば週末でも問題ないかもしれない。方程式は存在せず、読者のライフスタイルをどれだけしっかりとイメージできるかがカギとなる。読者の声を直接聞いたり、時間ごとの開封率を確認したりして、配信のタイミングを変えることも時に必要となる。いずれにせよ、何らかの根拠は必要であると考えよう。なぜそのタイミングなのか、説明できる状態としておきたい。

 ## 運用フローと編集カレンダー

　全体の運用フローについては、初期段階でしっかりと固めておく。運用するうちに無理が生じたら、柔軟にフローを微調整する。

　クマベイスメルマガでは、社内で手分けして執筆している。原稿の締め切りは月曜日の午後5時。Slack内に「メルマガ」のチャンネルを作成しており、そこに原稿を投稿してもらう。編集を担当する筆者（田中）は火曜に編集し、配信予約までを終える。原稿に疑問点があれば、Slack、もしくは電話で執筆者に質問する。

　以前は毎回編集後の原稿を執筆者に確認してもらっていた。しかし最近では各人の原稿のクオリティーが上がっており、編集作業で原稿にほとんど手を加えていない。したがって、執筆者本人による原稿の最終確認も不要と判断し、基本的には飛ばしている。

図2 運用フローのイメージ

月曜　　　　　火曜　　　　　水曜

原稿締め切り　　編集作業　　　配信

疑問点が生じれば、
Slackで質問

運用フローが固まれば、配信を続けることはそう難しくない

　大きなイベントが火曜にあり、イベントの雑感をその週のメルマガに
盛り込む必要があると判断すれば、編集作業が水曜の朝にずれ込むこと
もある。しかし、配信のタイミングは基本的にずらさない。

　毎週同じ流れの繰り返しなので、編集カレンダーは作成していない。
配信日だけを社内で使用しているカレンダーツールに記入している。

　もし、**週に複数回配信したり、不規則な配信タイミングだったりする
なら、編集カレンダーを作成してもいいだろう。原稿締め切り日、編集
作業日、配信作業日、配信日を記入すればいい。**

　リストメンテナンスについては、担当者が毎週月曜に実施している。
購読者から登録メールアドレスの変更依頼があった場合などは、このと
きに作業する。

ここだけ理解！

**メール配信の継続やコンテンツの質を保つため、
初期段階で体制構築や配信ツールの検討、
運用フローを確立することが重要。**

03 コンテンツの企画と制作

執筆：田中森士

コンテンツの企画と制作は、メールマーケティングの核となる部分だ。いくら美しい戦略を描いたとて、コンテンツの質が低ければ、また営業色が強くなれば、読者は離れてしまう。ここでは、クマベイス式のコンテンツ企画・制作方法を紹介する。

タイトルは3パターンで検討

メルマガの件名のつけ方は様々な考え方がある。クマベイスメルマガを立ち上げるとき、以下の3パターンを検討した。

1 毎回固定のタイトルで「Vol.100」のように番号だけ更新する
2 毎回固定のタイトル＋内容を踏まえたコピー
3 内容を踏まえて毎回完全に変える

最終的に、クマベイスメルマガでは **1** を採用した。『週刊クマベイス「地方企業の戦い方」Vol.100』のように表記し、番号だけ更新している。

メルマガに登録した時点で、すでに購読者はクマベイスに対して一定の興味関心があるといえる。登録して最初の配信回が有益な内容であれば、「毎週しっかり読もう」と思う。そうなれば、毎回のタイトルは購読者にとってさほど重要でなくなる。むしろ毎回同じタイトルであることで、受信箱内で認知されやすくなり、ほかのメールに埋もれるリスクが減る。

運営側としても、タイトルと開封率の関係性を気にかけることなく、どっしりと構えてコンテンツ企画にあたれる。その分の工数削減も期待できる。もちろん、何らかの狙いを説明できるなら **2** でも **3** でも問題はない。

質の高いコンテンツ企画のコツ

　コンテンツ企画に悩まれている方は多いだろう。どうすれば読んでもらえるのか。どうすればエンゲージメントが高まるのか。

　筆者はクマベイスメルマガを創刊するにあたり、以下のコンテンツ企画・制作方針を定めた。

1「お金を払ってでも読みたい」と思ってもらえるコンテンツの質を目指すこと

2 企画・執筆のために、コストをかけてでも一次情報を取りにいくこと

3 雑誌のように複数コーナーを設けること

4 読者の声を聞いてコンテンツ企画に生かすこと

　クマベイスメルマガ創刊にあたり、メルマガ全体を設計する必要があった。筆者が普段触れている（メルマガを含む）あらゆる媒体を洗い出し、研究した。最終的に参考にした媒体のすべてが、筆者がお金を払って購読している媒体であった。そのとき気づいた。読者が「お金を払ってでも読みたい」と思うほどの質を目指すことで、継続して読んでもらえるはずだと。

　小手先でコンテンツを作っていても、「お金を払ってでも読みたい」ほどの質は実現できない。しっかりとコストをかけて、**「ここでしか読めないコンテンツ」を作っていくべき**だと考えた。結果、筆者を含む執筆者自らが取材、経験、体験した情報を盛り込むことを意識するようにした。

　例えば筆者はマーケティング系の海外カンファレンスに参加しているが、そこで得た情報や感じたことを、メルマガで配信している。カンファレンスが月〜木曜に開催されたとすれば、期間中の水曜のメルマガで速報を届けている。

　また、筆者は普段から国内外を飛び回る生活を送っているが、各地で

図1 海外カンファレンスの情報など「ここでしか読めないコンテンツ」を盛り込む

興味深いコンテンツマーケティングやビジネスの事例があると聞けば、積極的に足を運ぶようにしている。そこで体験したり経営者に話を聞いたりした内容を、これまたメルマガで紹介している。メルマガの連載の参考となりそうな文献があれば、迷わず購入し、原稿に生かしている。

マーケティング系の海外カンファレンスは、チケット代だけで数十万円かかるものもある。事例取材は、現地に赴き、お金を払って体験している。文献代だけで年間かなりの金額をかけている。

このように**コンテンツ企画・制作のためのコストを惜しまないことで、ここでしか手に入らない一次情報を提供できるようになる**。長い目で見れば、広告よりもブランディングやマーケティングの面で貢献度の高い投資といえる。

読者の声を反映させた連載企画

クマベイスメルマガでは、クマベイス社の専門であるコンテンツマーケティングについてスペースを割いている。コンテンツマーケティングは様々なテクニックが必要なアプローチであり、テーマが幅広い。そこで、社内で執筆者を募り、それぞれの専門分野を連載形式で書いてもらうことにした。

図2 クマベイスのメルマガ目次例

```
＜目次＞
─────────
… 1. マーケティング & IT 最前線
… 2. マーケティング倫理をひも解く
… 3. コンテンツ戦略SOS
… 4. 海外B2Bマーケティングのツボ
… 5. Q&A
… 6. セミナー・イベント情報
─────────
```

これまでの連載名を以下に列挙する。

- マーケティング&IT最前線
- 海外のコンテンツマーケティングはいま
- デジタルマーケティングことはじめ
- 海外B2Bマーケティングのツボ
- ジャーナリスティック・アプローチのコンテンツ制作
- Webライティングは私にまかせて！
- コンテンツ戦略SOS
- ストーリーテリング実践講座
- 海外ストーリーテリング事例研究
- これからはじめる採用コンテンツマーケティング
- インサイドセールスの魔力
- カルトブランディング入門
- めくるめくサウンドマーケティングの世界
- マーケティング倫理をひも解く

　連載名については、コンテンツマーケティングの雑誌を立ち上げることをイメージしながらつけている。それぞれが雑誌のコーナー名のような位置づけだ。執筆者の専門性を生かす形で企画している。

メルマガを長く続けていると、いつの間にかコンテンツが読者ニーズと乖離（かいり）してしまうことがある。これを防ぐために、クマベイスメルマガでは**購読者の声を集める仕組み**をつくっている。

　例えば主催イベントである。クマベイス社では年に何度か対面でのリアルイベントを企画している。テーマはコンテンツマーケティングやコンテンツ制作、メールマーケティングなどである。

　メルマガで告知することもあり、購読者が多く参加してくれる。イベント中は必ず交流の時間を設けており、メルマガ購読者と直接つながることができる。メルマガの感想や、読んでみたいコンテンツ・トピックなど、購読者ニーズを理解することができる貴重な機会だ。交流会で聞けずとも、一度メールやSNSでつながっておくことで、新連載を企画する際などに直接、購読者に質問することができる。

　ほかに、筆者が書籍を出版するタイミングで、書籍プレゼントキャンペーンをメルマガ内で実施する。応募条件として、メルマガへの感想や読んでみたいコンテンツ・トピックといった項目の、アンケートに協力してもらっている。

　集めた声は、新連載の企画時や毎回の執筆時に大いに参考にしている。**購読者の声を意識して、積極的に聞き続けることで、双方にとっての心理的距離が近くなる。**

 ## 企画会議は月1で

　クマベイスメルマガでは、月に1回**編集会議**を開いている。この先1カ月間で、各執筆者がどんなことを書くのか。近いうちにどんな連載をスタートさせるのか。QAコーナーにどんな質問が寄せられているのか。購読者はクマベイスメルマガに何を求めているのか。各執筆者が情報や企画を持ち寄り、共有したり話し合ったりする。

　執筆する内容は、Googleスプレッドシートで管理。編集会議までに、各執筆者が企画を記入することにしている。

ネタはあるがどのような構成とすればいいかわからない。こういった
トピックを扱いたいが情報収集に苦労している。購読者からこんな声が
寄せられた。来月いっぱいで連載を終えて新連載に取り組みたい――。
こういった相談があれば、出席者に編集会議のアジェンダに加えてもら
う。

　編集会議はよほどのことがない限り30分以内で終わる。当初はもっ
と時間がかかっていたが、スタッフのスキルが上がった結果、会議時間
も短くなった。この30分が、メルマガの品質コントロールや読者理解
の意味で重要となる。

QAコーナーの質問集めの秘訣

　購読者からの質問に答えるQAは、クマベイスメルマガでも人気の
コーナーだ。インタラクティブ性のある重要なコーナーであり、メルマ
ガ読者のエンゲージメントを高める意味でも力を入れるべきといえよ
う。

　当初はコンテンツマーケティングやコンテンツ制作の質問を想定して
いたが、最近ではおすすめデバイスや海外での動き方、人生相談など質
問内容は多岐に渡る。

　クマベイスメルマガでは、毎回1つの質問に答えている。質問の経路
は様々だ。

　メルマガ内に質問用のメールアドレスを記載しており、メールにて質
問を受け付けている。ところが、メールによる質問件数は、それほど多
くない。一説には、どんなに購読者の多いメルマガであっても、寄せら
れる質問は少ないとされる。

　そこで、知人でもあり購読者でもある人物から筆者や執筆者が個人的
に受けた質問――SNSやDM、対面にて――についても、質問者の許可
を取った上でQAコーナーに使用させてもらっている。

　イベントも質問を集める上で重要な場だ。イベントの後半は、必ずと

いっていいほど登壇者への質問コーナーがある。そこで受けた質問については、質問者（メルマガ読者であるケースが本当に多い）の許可を取って、メルマガのQAコーナーで使わせてもらっている。許可を取ったならば、どんな質問を受け、どんな回答をしたかについて忘れないうちにメモしておく。

　質問の回答者については、編集会議やSlack内に作成したメルマガチャンネルで決めている。執筆者の専門ははっきり分かれているので、スムーズに決まることが多い。

お知らせは10分の1以下のボリュームで

　自社サービスや自社プロダクトの紹介をコンテンツの中心に置いたメルマガはごまんとある。しかし、営業色の強いメルマガはそもそも読んでもらえないし、ブランド価値の低下にもつながる。とはいえ、何らかのメリットを期待して、つまりビジネスにつなげることを目的にメールマーケティングに取り組んでいるわけで、何らかのお知らせや案内は入れたいところだ。

　クマベイスメルマガでは、案内したい情報があれば、メールの冒頭に「新サービスのお知らせ」「イベントのお知らせ」「新刊のお知らせ」のような形で、200〜300字程度のテキストとURLを記載している。ボリュームはメール本文の10分の1程度を目安としている。あくまで学

図3　メルマガのお知らせ部分のキャプチャ

★★イベント登壇（6/28@原宿）のお知らせ★★

「世界のサステナビリティはどこへ向かっているのか」（一般社団法人アップサイクル主催）

世界のサステナビリティは今どこへ向かっているのか？
企業活動においてどのようにサステナビリティを推進していけばよいのか？
日本ではなかなか情報を得ることが難しい、サステナビリティの潮流について学ぶイベントに、クマベイスの田中森士が登壇。
アップサイクルブランドが取り組むべき新たなマーケティングアプローチによって解説します。
会場は、ネスカフェ原宿。参加者同士が交流する時間も設けてあります。世界の潮流を理解し、横のつながりをつくりましょう！

イベント詳細はこちら→
https://peatix.com/event/3596503

……………………………

びのあるコンテンツを届けることに主眼を置いており、**お知らせは「お
まけ」のような見せ方**にしている。お知らせがないときには、当然何も
入れない。

　メールマーケティングは、**信頼獲得が何より重要であり、十分な信頼
を獲得できれば、情報をさらっと見せるだけでもビジネスにつながる。**
宣伝したい思いをぐっとこらえて、有益な情報を届けることに重きを置
こう。

ここだけ理解！

「ここでしか読めないコンテンツ」を盛り込み
メルマガの質を高めることで、継続して読んで
もらえる。また、読者の声を積極的に聞くことで、
十分な信頼を獲得することができる。

執筆：田中森士

本書はどのように購読者を獲得し、関係を深化させていくかを中心に解説しているが、マーケティング施策である以上、何かしらの数字面の効果測定が必要となる。ここでは、クマベイスメルマガの効果測定に対するスタンスについて紹介する。

想定読者層からあえてテキストメールを選択

HTMLメールは開封率などを測定可能で、装飾もできる。BtoC、BtoBを問わず、HTMLメールを採用したくなる気持ちはよくわかる。

一方、クマベイスメルマガはテキストメールで配信している。当初、HTMLメールでの配信も検討したが、やめた。想定読者層である地方の経営者やマーケターが、休憩中や移動中にパソコンやスマホで、ボリュームのあるメルマガを閲覧する姿をイメージしてみる。装飾を施したメールよりも、シンプルなテキストだけのメールの方が、ノイズがないためじっくり読んでもらえると想像できよう。

実際、購読者からはテキストメールを好意的に受け止める声が寄せられており、この判断は正しかったと考えている。もちろん、ブランドの世界観をメールで表現したいなどの狙いがあるのであれば、HTMLメールを積極的に使うべきだ。アパレルや雑貨など、ビジュアルで訴えたい商品を扱うブランドであれば、なおさらである。

KPIは意識しない

クマベイスメルマガでは、開封率を計測していない。クリック率も測定していない。新規登録数と登録解除数のみを、筆者（田中）が時折確

認する程度である。強いて言えば、この2つがKPIということになろうが、社内でこれらの数字を共有することはしていない。誰も数字を意識していないのだ。

ツールによっては「どこの誰がいつ開封したか」までわかるものもあるが、筆者は必要性を感じない。**腰を据えて中長期的に取り組むメールマーケティングの場合、新規登録数、登録解除数、開封率、クリック率を確認しておけば問題ない**と考える。

当初は細かく計測すべきか悩んだ。しかし、主催イベント参加者や新規相談者の多くが、クマベイスメルマガを読んでくれていることがわかり、仕事にもつながるようになっていった。個人情報を不用意に取る必要もないと判断し、最終的に計測しないことにした。

なお、iPhoneについてはiOS15以降、標準メールアプリの正確な開封率の計測ができなくなっている。ただし、傾向を示す「指標」として、開封率を計測し続ける意義はある。

メルマガ登録時、個人情報を最低限しか入力しなくてよく（メールアドレスだけでも登録できる）、行動データもほぼ計測されない。このスタンスが、むしろ安心感につながっているとの声も読者から聞かれた。

細かなKGIについても、あえて設定していない。「クマベイスメルマガによって1年後に売り上げ20％増」と設定すれば、コンテンツが営業寄りになってしまうと考えたからだ。

クマベイスメルマガは、イベント参加や仕事の相談につながっている。これはヒアリングして確認している。メルマガに登録し、半年〜数年の期間、毎週読む。あるときクマベイス社の提供するサービスのニーズが生まれたタイミングで、相談してみる。このような流れであるため、いつ仕事につながるかわからない。よって、クマベイスメルマガでは、あえてKGIを設定していない次第だ。

当初は意図していなかったが、クマベイスメルマガを続けるうちに、以下のような様々なメリットを享受できると気づいた。

- 専門性の向上
- 顧客ニーズの理解
- コンテンツ制作サービスの質向上
- 電子書籍出版

毎週執筆を続けるためには、普段からアウトプットを意識して行動する必要がある。本を読んだりセミナーに参加したり、様々な場所に赴いたり。最終的にメルマガ用の原稿にしたため、そして読者からのフィードバックをもらう。専門性向上の意味で、これ以上の方法はない。同じテーマで半年も執筆を続ければ、その道のスペシャリストとなれる。

クマベイスメルマガの想定読者層は、クマベイス社のビジネスのペルソナと共通している。メルマガ読者との交流は、顧客ニーズの理解に直結する。顧客ニーズを把握することで、新サービスの開発やイベント企画に生かせる。

クマベイス社では、コンテンツマーケティングのコンサルティングや研修・セミナーとともに、コンテンツ制作サービスを提供している。社内外のメンバーで編集チームを組み、クライアント企業のためにコンテンツを制作しているのだ。

先述の通り、クマベイスメルマガでは全体設計、体制構築、企画、制作に取り組んできた。このやり方を、そのままコンテンツ制作サービスに応用するようになった。結果、チーム編成や企画、スケジューリングの部分で質が向上した。

クマベイスを続けるうちに、メルマガの連載をまとめることで、電子書籍化できると気づいた。試しに原稿を編集し、「はじめに」「おわ

図1 クマベイスの電子書籍一覧

りに」を加え、表紙などを制作してみた。ハードルが高いと思っていたKindleでの出版は、あっさりと実現した。クマベイスメルマガの連載は、世間的には極めてニッチなテーマであることが多く、大手出版社からの出版は望めない。しかし、電子書籍であれば、ニッチであるがゆえ、むしろその情報を必要とする人には深く刺さる。電子書籍内でクマベイスメルマガを紹介しており、そこからの登録もあると考えられる。また、電子書籍が出版されるたびに、メルマガ内の「お知らせ」で紹介している。メルマガ読者は、電子書籍で連載をおさらいできる。

　最近では、おおよそ半年〜1年間の連載について、電子書籍に適していると判断したものを1冊の電子書籍にまとめている。外部媒体で紹介されたこともあるし、電子書籍のテーマでのセミナー開催につながったこともある。クマベイス社への仕事の新規相談者が「電子書籍を読みま

した」と語るケースも多い。ブランディングの意味でも、**メルマガ連載の電子書籍化は一押しの施策**である。

腰を据えて中長期的に取り組む

メールマーケティングの場合、新規登録数、

登録解除数のみを確認する考え方もある。

スパム扱いを
回避するために

いくらメールを作り込んだとしても、相手の迷惑メールフォルダに入ってしまえば、苦労が水の泡だ。ここでは、スパム扱いを回避するために重要となる考え方や技術について解説する。

サービスプロバイダーで成り立つシステム

執筆：田中森士

IPアドレスやドメインの「評判」を定量的に評価したものを「レピュテーション」という。メールの配信において重要指標となるレピュテーションの仕組みを解説する。

レピュテーションとは

メールを配信する上で、「レピュテーション（reputation：評判）」は押さえておかねばならない仕組みの一つである。

プロバイダーは、メールの送信元が信頼に値するかどうか、IPアドレスやドメインのいわば「評判」を分析する。評判を定量的に表したものがレピュテーションスコアである。受信者がブロックしたり、スパムの可能性が高い内容だったりすると、レピュテーションスコアは低下する。自動的に迷惑メールと判断される可能性が高まる。

スパムメールを防ぐ意味で、優れた仕組みといえよう。一方、スパムメールではないにもかかわらず、受信者からのブロックが続いたり「スパム」と判断されやすい文面であったりすれば、メールは受信箱に到達しづらくなる。迷惑メールフォルダ行きとなり、場合によってはビジネスに影響を及ぼす。

レピュテーションの回復は時間も労力もかかる。スコアを確認できるWebサービスやツールは多数存在するので、定期的に確認しておきたい。

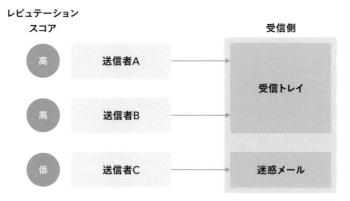

図1 レピュテーションスコアの考え方

配信元の証明

　迷惑メール扱いされる可能性を減らすには、いくつか方法がある。コミュニケーションの部分は後述するが、ここではSPFとDKIMについて解説しよう[1]。

　SPF(Sender Policy Framework)とは、送信ドメインが「なりすまし」ではなく、正当なドメインであることを証明する仕組みである。受信側のメールサーバーがDNS(Domain Name System)[2]サーバーに問い合わせをした際、正しいSPFレコードが存在しなければ、メールが「なりすまし」であると結論づけられる可能性がある。したがって、あらかじめSPFレコードを設定しておかねばならない。ドメイン発行サービスのプラットフォーム上で設定することになる。詳しくはドメイン発行サービスのヘルプページなどを参照されたい。

　DKIM(DomainKeys Identified Mail)署名、つまり改ざんされていないメー

※1　このほか、SPFとDKIMを利用して送信ドメイン認証を行うDMARC(Domain-based Message Authentication, Reporting, and Conformance)という技術もある。
(参考)一般財団法人 日本データ通信協会『送信ドメイン認証技術導入マニュアル第3.1版』
https://www.dekyo.or.jp/soudan/data/anti_spam/meiwakumanual3/manual_3rd_edition.pdf
※2　IPアドレスとドメイン名の紐づけをするシステム。

ルであることを確認する作業も必須である。受信側のメールサーバー
が、DNSサーバーから「鍵」を受け取り、署名をチェックする仕組み
だ。DKIM設定の手順は、メール配信サービスのマニュアルに載ってい
ることが多いので、そちらをチェックしていただきたい。

　**SPFとDKIMを押さえておくことで、受信者の受信ボックスへとメー
ルが到達する確率が高まる。**

　なお、Gmailは「Gmailユーザーへのメールがブロックされたり迷惑
メール扱いされたりしないようにする」というヘルプページを公開して
いる。「重要」と記された箇所には、「個人用Gmailアカウントに送信さ
れたメールが認証済みであることを確認するために、Googleはこれらの
メールをランダムにチェックします。個人用Gmailアカウントに送信さ
れたメールが確実に配信されるようにするには、ドメインにSPFまた
はDKIMを設定する必要があります。」と書かれている。Gmailユーザー
の多さを考えると、現代においてはSPFとDKIMの設定は欠かせない
作業となっているのだ。

ここだけ理解！

SPFとDKIMを設定することで
受信ボックスに到達する可能性が高まる。

02 スパム扱いされないための コミュニケーション

執筆：田中森士

せっかく配信したメールがスパム扱いされるのを防ぐためには、相手とのコミュニケーションに細心の注意を払わねばならない。ここでは、スパム扱いされることを回避するための施策を考えていく。

相手に寄り添ったコミュニケーション

メールを受信した相手とのコミュニケーションが雑になり、受信者が不信感や不快感を覚えれば、迷惑メールとして報告される可能性が高まる。そうするとレピュテーションスコアが低下してしまい、受信箱に届かないリスクが生まれる。

私たちは今こそ**「メルマガ＝広告宣伝」という考えを手放す必要がある**。受信箱はある種プライベートな空間である。広告まがいのメールがあふれたら、受信者は辟易としてしまう。**相手に寄り添ったコミュニケーション**をして、プライベートな空間にお邪魔させていただく。このスタンスを維持すれば、サブスクライバーに「この企業（ブランド）とずっとつながっていたい」と思ってもらえる。そうすればエンゲージメントは高まるし、レピュテーションスコアが下がることもない。

リストの構築

メルマガを受け取りたくないと考える相手にメルマガを送ることは、レピュテーションスコアの低下につながりかねない。したがって、メルマガのリストの構築とメンテナンスが重要となる。

読者のみなさんは、メルマガのリストをどのように構築しているだろうか。もし、知る限りすべてのメールアドレスをリストに入れているの

であれば、すぐにでもやり方を変えるべきだ。リストはメルマガ配信者が能動的に構築するものではない。あくまで**「メルマガを受信したい」との意思表示をした**（受信に同意した）**相手の情報のみを、リストに加えていくべきだ。**

特定電子メール法でも、**「あらかじめ同意した者に対してのみ広告宣伝メールの送信が認められる」とする「オプトイン方式」**を義務付けている。メルマガには、多かれ少なかれ広告宣伝が含まれるため、メールマーケティングに取り組む以上、同法を遵守する必要がある。

リストは数より質を追い求めるべきだ。先述の通り、求めていない相手に送ったところで、レピュテーションスコアの低下につながってしまう。数よりも、既存の読者との関係性を深化させることに注力したい。

「同意」を取りたいがために、オンラインでのショッピングや宿泊予約の際、「メルマガを受信する」という項目にあらかじめチェックを入れておく"テクニック"は古くから存在する。企業によっては、関連する別のサービスを含め、複数のメルマガにチェックが入っているケースすらある。しかし、明確な同意とは呼べず、受信した側からすると印象が悪い。「この企業（ブランド）とつながりたいと思って自ら進んで個人情報を差し出した」わけではなく、サブスクライバーに該当しない。企業のブランド価値も低下するため、絶対に避けるべきだ。

リストは一度構築して終わりではない。常にメンテナンスをする必要がある。基本的に、2回送信エラーになったメールアドレスについては、リストから削除しよう。

メールマーケティングに取り組む以上、リストのメンテナンスは事業者の責務である。しっかりと取り組めば、エンゲージメントの高い購読者だけのリストを維持できる。そうすると、自ずと購読者との関係性は深まっていく。

※1　総務省「特定電子メールの送信の適正化等に関する法律のポイント」より
　　　https://www.soumu.go.jp/main_sosiki/joho_tsusin/d_syohi/pdf/m_mail_pamphlet.pdf

図1 広告宣伝メールは同意が必要

広告宣伝
メール

事前の同意の有無

同意あり ○→ 受信者

同意なし ✕→

 ## 法律と倫理は分けて考える

　特定電子メール法では、相手の同意を求めているとすでに書いた。ところが同法では、同意なしに送信することができる「例外」を定めている。以下、総務省の資料[※1]から引用する。

<例外（同意なしに送信することができる場合）>

■ 取引関係にある者に送信する場合（※1）

■ 名刺などの書面により自己の電子メールアドレスを通知した者に対して送信する場合（※1）

■ 自己の電子メールアドレスを通知した者に対して、以下の広告宣伝メールを送る場合

　・同意の確認をするための電子メール

　・契約や取引の履行に関する事項を通知する電子メールであって、付随的に広告宣伝が行われているもの

　・フリーメールサービスを用いた電子メールであって、付随的に広告宣伝が行われているもの

■ 自己の電子メールアドレスをインターネットで公表している者（個人の場合は、営業を営む場合の個人に限る。）に送信する場合（※2）

　※1　送信される電子メールが通信販売などの電子メール広告の場合には、特定商取引法が適用されるため、請求・承諾なしに送信することはできません。

　※2　自己の電子メールアドレスの公表と併せて、広告宣伝メールの送信をしないように求める旨が公表されている場合は、同意なく送信することはできません。

注意したいのが「名刺などの書面により自己の電子メールアドレスを通知した者に対して送信する場合」である。つまり、法律上は、名刺交換した相手には営業メールやメルマガを送信していいことになっている。この法律を根拠に、受け取った名刺のデータを片っ端からリストに加えていく企業が後をたたない。

　しかし、法律と倫理は分けて考えるべきである。名刺交換した相手方の会社から、突然メルマガが届いたらどう思うか。ほとんどの人が「もやもや感」を覚えるであろう。なぜなら、登録した覚えも、メルマガ配信を許可した覚えもないからである。

　本書では、原則として**名刺交換しただけの相手にメルマガを送るべきでない**と考える。受け取る意思がない相手に送っても、関係性を構築することはできず、自社のメリットにつながるとは考えにくい。迷惑メールとして報告され、レピュテーションスコアが下がる。企業イメージも低下する。倫理観があれば、相手の同意なしにメールを送りつける行為に至らないはずだ。しっかりと同意を取得した相手以外には、メルマガを配信しないという原則を守ろう。

 ## 購読解除の導線設計

　寄り添う姿勢を表現できる機会の一つが、購読解除の導線設計である。

　メルマガ内でよく見られるのが、「メルマガ購読を解除されたい方は、こちらのアドレス（○○○@○○○○）までメール連絡をお願いします」という案内文である。購読者側で購読解除を完結させられない仕組みとなっており、悪手である。購読者が「購読解除を希望します」と自らメールするのは心理的ハードルが高い。ブランドイメージは確実に低下する。最悪の場合、ブロックされてしまう。

　購読者自らが簡単に購読（受信）解除できる仕組みを構築しておく必要がある。上記のケースでは、購読解除のハードルが高い。配信するメールには、購読解除の方法および解除ページへのリンクなどを記載し

ておくことが求められる。

　なお、特定電子メール法でも、受信者が受信拒否の手続きが可能な旨を、メール内に明記することを求めている。同時に、送信者の情報や、苦情・問い合わせなどを受け付ける電話番号やメールアドレスも必要だ。

　購読解除にあたっては、極力購読者の労力を軽減させたい。ここで何ページも何ページも遷移させたり、解除の理由などを問うアンケートに答えてもらったりするのは、よろしくない。速やかに解除できる設計とすべきである。

　登録しているアドレスを記入した上で、解除ボタンをクリックすることで解除できる設計は親切だ。メールアドレスの記入なしに、解除ボタンをクリックするだけで解除できる設計は、最も印象がいい。使用しているメール配信サービスによって、オプトアウトの設計は異なる。しかしながら、どのサービスも基本的に簡単に購読解除できる設計になっていると考えていい。

ここだけ理解！

配信リストのメンテナンスや、
簡単に購読解除できる仕組みの構築など、
相手に寄り添ったコミュニケーションが大切。

03 良質なコミュニケーションと
プライバシーの概念

執筆：田中森士

メールマーケティングにおけるコミュニケーションを語る上で切り離せないのが、プライバシーの問題だ。ここでは、「プライバシーへの配慮」が意味するところを紐解く。

データプライバシーへの配慮

　ここで言うプライバシーとは、行動データを含めた個人情報のプライバシー、つまりデータプライバシーである。**データプライバシーに配慮することで、結果的に良質なコミュニケーションが実現する。**

　国内外の専門家ともプライバシーの研究に取り組む、一般社団法人Privacy by Design Lab（PDL）代表・栗原宏平氏によると、マーケティング視点で言うプライバシーとは、「ユーザーが尊重される形で適切に（個人）情報を扱うこと」だという。「ユーザーが望む形」でデータを利用することが何より重要であり、そのために事業者はユーザーとコミュニケーションをとり続けることが求められると栗原氏は指摘する。

　また、事業者としては「（個人）情報取得の目的を明確にした上で、ユーザーが利用目的に納得した上での同意を得る」ことが重要であり、ユーザーにとって望ましい範囲内で（個人）情報を管理、利用する必要があるとも強調する。

　日本で「プライバシー」という言葉が使われるとき、一般に「コンプライアンス」が連想される。ところが、栗原氏によると両者はイコールの関係にないという。

　コンプライアンスにおいては、法律に準拠する、最低限守る必要のあることを、適切にやっていくことが求められる。あくまで法律を中心とした話であり、これに取り組んでいるからといって、プライバシーに配

慮しているとは限らない。一方、プライバシーは、ユーザーが求めていることにしっかりと応えることを意味する。ここで言う「ユーザーが求めるもの」には、当然コンプライアンスも含まれる。

同時に、**「何か起きたときに適正な範囲でユーザーが求めるレスポンスをすること」**もユーザーの求めるものに含まれる。そしてこのレスポンスこそがプライバシーの肝の部分となる。

 ## 利用者が何を求めているのかを突き詰める

プライバシーや個人情報保護に関するコンサルティングを行う、合同会社asura（アシュラ）代表の松浦隼生氏も、「古典的なプライバシー領域とデータプライバシーは大きく異なる」と栗原氏に同調する。

松浦氏によると、昔ながらのプライバシー領域への対応は、「個々人に着目し、その一個人に迷惑がかからないように、また、その人のパーソナルスペースが不当に侵害されないようにすること」に重きが置かれていた。一方、データプライバシー領域においては、「データについての自己決定権を尊重すること」がケアすべきポイントとなる。

他方で、松浦氏は「データプライバシー領域においては、どう対応すべきか現時点で共通認識ともいえるほどに強い確たる答えがない」と指摘する。先述の通り、ユーザーが求めていることにしっかりと応えることがプライバシーの本質である。しかし、**日本企業はリスクを過度に避けようとして、顧客とのコミュニケーションを自ら破綻させている。**これではプライバシーの入口にも立てない。相手との距離は広がる一方だ。

松浦氏は、企業がプライバシーに対応しようとするならば、「利用者にとって何が正しいのか」「利用者が何を求めて自社のサービスを使っているのか」を、社内で突き詰めるべきだとアドバイスする。そのために必要なデータは集めるべきで、企業として、例えば**利用者の志向を含むような個人情報も、責任を持って判断して利用していく。**そして**利用者からの反応を含め何か起きたときにはレスポンスをする。**これらが重

要であるという。

その理由として松浦氏は、「多数派からずれてしまう人がどうしても出てしまう」ことを挙げる。

例えば、データを解析することで、全体の傾向を捉えることができる。しかし、テンプレート的なやり方は、データプライバシー領域においては非常に危険ともいえる。全体の傾向から逸脱した人、いわゆる「外れ値」となる人はどんな統計解析においても生じる。人によっては、**解析結果を元にしたある企業のマーケティングについて「大きなお世話だ」と感じることは起こり得る**。場合によっては、「この企業のやり方はある程度正しいし、結果、売れるのかもしれない。だけど私には当てはまらないよね」と、一定の理解を示しつつも不快感を覚えるケースもあるだろう。

統計的なデータを見ることで、多くの利用者が納得するコミュニケーションはできるかもしれない。しかし、それを「押し付け」と感じ不快に思える人が一人でもいるのであれば、それは本当の意味でのプライバシーへの配慮とはいえない。**テンプレートから外れた利用者に、どんな情報を届けられるのかを考えてこそ、データプライバシーを尊重したサービスというにふさわしい**というわけだ（仮にオプトアウトという出口にしか行き着かなかったとしても）。

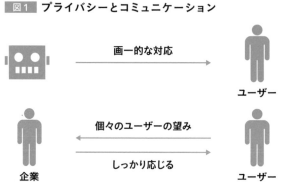

図1 プライバシーとコミュニケーション

画一的な対応 → ユーザー

個々のユーザーの望み ← しっかり応じる → ユーザー

企業

プライバシーへの配慮はコミュニケーションから

松浦氏が考えるデータプライバシーの定義は、「**適正なデータの処理を受ける権利**」である。今の時代、データについての自己決定権を誰もが持っているという認識を、すべての企業が持つ必要がある。

ほとんどの企業が、顧客とのコミュニケーションチャネルを持っているわけで、対話する余地を持たせることが重要となる。

松浦氏は、「相手から『そのデータの扱い方は間違っていると思う』と言われた際にすぐ引き下がってはいけない。引き下がれるようなデータ処理なのであれば、そもそも不要だったのではないか。個人情報の利用に責任を持つとは、やると決めたことにも責任を持つこと。『それでは配信停止させていただきます』で終わるのは建設的ではない」と強調。その上で「こういう扱い方はどうでしょうか」というスタンスで、コミュニケーションをとり続けることが大切であり、そのための仕組みを持っておく必要があるとも訴える。

メールのコミュニケーションにおけるプライバシーへの配慮は、**メールが人のパーソナルスペースにある種「侵入」する**という性質上、古典的なプライバシーの観点とも通じるところがある。せっかく顧客となってくれたにもかかわらず、フィードバックを元に改善する仕組みがないと、悪い感情を持ったままに顧客関係が終わってしまうケースも出てくる。

一方的なメール配信は、相手を不快にさせる。テンプレート的な対応ではなく、一人ひとりとていねいに向き合った正しいコミュニケーションが重要となるのだ。

ここだけ理解！

データプライバシー領域において、データについての自己決定権を尊重することは、良質なコミュニケーションの実現につながる。

プライバシーバイデザイン

田中森士

　プライバシーへの配慮は、良質なコミュニケーションにつながる。一方、メールマーケティングに取り組む中で、具体的にどのように配慮すべきか悩ましい場面に出くわすこともあるだろう。そんなときに役立つのが「プライバシーバイデザイン（Privacy by Design）」の考え方である。

　プライバシー分野の世界的な専門家であるアン・カブキアン博士が1990年代に生み出した概念で、プライバシー侵害を積極的に防ぐための、予防的なデザインや設計を意味する概念である。7つの基本原則を実践することで、プライバシーバイデザインが完成する。

1. 事後対応ではなく事前対応（予防的）であること
2. デフォルト設定であること
3. 設計に組み込まれていること
4. セキュリティーとプライバシーのどちらか一方というゼロサムではなく、両立するポジティブサムであること
5. ライフサイクル全体を通してデータが完全に保護されること
6. 可視性と透明性
7. ユーザー中心であること

　カブキアン博士は、2023年1月に東京で開かれた「プライバシーバイデザインカンファレンス」に寄せたビデオメッセージの中で、「プライバシー問題はコンプライアンス問題ではなく、ビジネスの戦略に関わる問題」であると指摘。「プライバシーバイデザインは企業の長期的利益を生む出発点」とも述べ、顧客からの信頼につながること、企業の競争力の源泉にもなることを強調した。

　腰を据えて取り組むメールマーケティングで、ぜひ参考にしたい。

Chapter

8

事例で見る
メールマーケティング

業種や目的が変われば、メールマーケティングの形も変わる。
ここでは、具体的なメールマーケティング事例を紹介する。

01

長期戦で考えれば、これ以上のチャネルはない。

（メディアコンサルタント 市川裕康氏）

取材・執筆：田中森士

—— 特定分野のニュースレター（メルマガ）を継続して配信することは、ソートリーダーへの近道だ。質の高いコンテンツを届けることで、購読者の満足度は高まる。結果、人的ネットワークや新たなビジネス展開がもたらされる。ニュースレターの活用を、マーケティング戦略の核に据えることは、今や一般化した。メディアコンサルタント・市川裕康氏もニュースレターを活用する一人だ。市川氏は、気候変動をテーマにしたニュースレターを、英語と日本語でそれぞれ配信している。ニュースレターの目的や制作方法、効果測定などについて、市川氏に聞いた。

■ **メディアコンサルタントの市川裕康氏**

始めたきっかけは講座受講

　メディアコンサルタントとして活躍する市川氏は、日常的に国内外のニュースをウォッチしている。2021年の夏頃、気候変動などによって生じる異常気象についての報道量が世界的に増えた。しかし、日本では世界的な異常気象についてそれほど報じられることは比較的少ない。ギャップを目の当たりにし、驚いた。同時に、異常気象や気候変動について長期的に学んでいきたいという思いが芽生えてきた。

　2022年1月、米国のオンライン講座に申し込み、3カ月間受講した。受講生は世界中に散らばっており、特に米国とインドからの参加が目立った。大手IT企業を辞めて参加しているという受講生も多く、気候変動の大きなうねりを感じた。仲よくなった受講生からは、カリフォルニアで山林火災が深刻化していること、インドのある地域では海面上昇に直面していることなど、深刻な気候変動の影響を直接教えてもらった。

　気候変動が日本にもたらす影響について、海外ではあまり紹介されていないことに気づいた。当初は、日本での情報ギャップを埋めたいという思いがあったが、日本で起きていることを海外に英語で発信することの必要性も感じた。

　かつて東京で働いていた市川氏は、2019年に地元・浜松にUターンし

■ **日本語版ニュースレターのヘッダー画像**

Climate Curation #59
今後5年で世界の気温1.5度超の可能性、「分断」の中でG7広島サミット開催、中国の車輸出が日本抜き世界首位へ、『Climate Tech Day』開催

た。10年単位で取り組めるテーマはないか。そんなことを考えている折でもあった。気候変動は長期的にますます重要度が高まる問題だ。まずは自らが勉強し、それを仕事にもしていきたい————。

では、一体どうやってこれらを実現すればいいのか。市川氏の頭には欧米で勢いを増している「ニュースレター」が思い浮かんだ。仕事柄、近年欧米ではウェブメディアではなくメールの形で情報発信するケースが爆発的に増えていることを知っていた。自ら進んでサブスクライバーとなった人は、定期的に情報を受け取る。時間が経つにつれて配信者への愛着や信頼性が高まっていく。

「ニュースレターしかない」。そう考えた市川氏は、講座受講修了後の2022年4月、日本語のニュースレター「Climate Curation（クライメイト・キュレーション、以下「日本語版」）」を立ち上げる。翌月には英語のニュースレター「Japan Climate Curation（ジャパン・クライメイト・キュレーション、以下「英語版」）」も立ち上げた。テーマは「気候変動」にした。「脱炭素」「気候テック」「EV」など、ニュースレターのテーマについてはいくらでも狭くできた。しかし、現時点では「気候変動」関連のキュレーション（まとめ）という枠組みがちょうどいいと判断した。

 ## 日本語版と英語版で異なるプラットフォーム

日本語版を配信する際、プラットフォームはSubstuck（サブスタック）を利用している。購読者に直接メールアドレスで登録・購読してもらえ、かつメールアドレスのリストの移行も可能なサービスだ。

Substuckの決め手となったのは、サービス内のエコシステムが優れていた点。登録プロセスで、配信側が購読者に対し、別のニュースレターを紹介することができる。例えば、同じ配信者が運営する別のニュースレターや、配信者の知人が運営する似た分野のニュースレターをおすすめできるのだ。市川氏は「ニュースレターの場合、購読者獲得は一般にハードルが高い。Substuckのこの仕組みはハードルを下げるのに貢献し

■ 英語版はLinkedIn内のニュースレター機能を活用している

ている」と評価する。

　Substuckのユーザーインターフェイスや管理画面等が英語なこともあり、日本において認知度はそれほど高くない。しかし、米国では存在感がある。市川氏はその理由の一つに、詳細な解析が可能な点があると指摘する。クリック率や開封率、購読者の居住地域、購読者が登録している他のニュースレター名などが手に取るようにわかるのだ。本書の趣旨とはややずれるが、配信側が有料プランを導入すれば、有料ニュースレター配信も可能となる点も、米国で支持を集める理由にある。市川氏によると、個人のジャーナリストがSubstuckを主な収入源としているケースも近年増えているという。

　英語版の配信には、LinkedIn内のニュースレター機能を利用している。新たにニュースレターを立ち上げると、LinkedInの友人に通知が届く。配信したニュースレターには「いいね」や「コメント」ができ、各回の配信エンゲージメントを獲得するたびに第三者のニュースフィードに表示される可能性が出てくる。このように、LinkedInニュースレターは優れたエコシステムを持ち、英語圏への拡散力にすぐれたプラットフォームといえる。ただし、市川氏によると「解析についてはSubstuckほど細かく数字を確認することができない」といい、この点は留意する必要がある。

想定読者と評価指標

　ニュースレターの想定読者は、気候変動に関心がある人、脱炭素関連のビジネスに少しでも関わりがある人、気候テックに関わる人。実際、購読者の中心はこうした層だ。

　今のところKPIは新規購読者数と開封率に設定している。購読者数は、日本語版は月に30〜40人ほど、英語版は月に80〜100人ほど増加。本原稿執筆時点の購読者数は、前者が約370人、後者が1500人弱となっている。

　開封率については、配信回によって多少異なるものの、50〜60%とのことだ（日本語版）。市川氏によると、開封率はコンテンツ企画の面で非常に有用であるという。どんなコンテンツにニーズがあるのか判断できるからだ。

　これ以外の数字についても、Substuck、LinkedInニュースレターそれぞれについて、計測可能なものをGoogleスプレットシートに記入、自己管理している。シート内で表とグラフを作成することで、推移が一目でわかる。

コンテンツの中心はキュレーション

　ニュースレターのコンテンツは、ニュースのキュレーションが中心だ。日本語版は国内と海外の、英語版は日本の気候変動関連ニュースをピックアップし、各ニュースの内容を短く紹介している。

　日本語版は土曜の午後に、英語版は火曜の午前中（日本時間）に配信している。日本では気候変動に対する関心の高さが、現時点では限定的なため、忙しい平日に読んでもらえる可能性は低いと判断。週末にゆっくり読んでもらおうという狙いがある。

　コンテンツの準備は配信の2日前から始める。Googleドキュメントに、前回配信して以降に世に出た気候変動関連のニュースをリストアッ

■ 英語版では日本の気候変動関連ニュースを紹介している

> **[◦■◦◦Japan Climate News Headlines]**
>
> **【1】Japan to invest 15 tril. yen in hydrogen supply for decarbonization [6/6 Kyodo News]**
>
> - Japan's government plans to drive a $107 billion investment in hydrogen supply over 15 years, aiming to increase supply sixfold by 2040 and commercialize hydrogen power by 2030. The plan hopes to cut emissions and create a sustainable hydrogen supply chain in Asia and the Indo-Pacific region.
>
> **【2】'Linear' torrential rains double in Japan in 45 years, global warming to blame: study [6/3 The Mainichi]**
>
> - Torrential rains in Japan have doubled in frequency over the past 45 years, with global warming being identified as the main cause. Linear precipitation zones, characterized by organized rain clouds, have led to serious disasters such as landslides. The rise in sea surface temperatures contributes to increased water vapor, making torrential rains more likely. Vigilance is needed in areas previously unaffected by such disasters.

プしていく。配信直前には、3時間ほどかけてコンテンツ制作作業にあたる。紹介するニュースをリストから選び、各ニュースを簡単にまとめたテキストと、市川氏の一言コメントを作成する。ニュースレター内には紹介する記事のリンクも漏れなくはりつけている。

ニュースレターの冒頭には、毎回エンゲージメント（ここでは「ポジティブな反応」の意）が得られるようなテキストおよび情報を入れている。具体的には、購読者数を必ず記載している。これにより、ニュースレターの輪が広がっていることが伝わる。

市川氏によると、「自分も一緒にコミュニティーを育てているんだ。もっと応援したい」という意識を購読者に持ってもらえる可能性が高まるのだという。SubstuckやLinkedInニュースレターのエコシステムによって、中には偶発的に登録してくれた人もいる。そうした人に向けて、簡単な自己紹介も毎回冒頭に入れている。気候変動に関連するイベントに参加した際は、簡単なイベントの感想を冒頭に入れることもある。

ニュースレターのヘッダー画像は、毎回市川氏が制作している。人は、画像を見て瞬間的に反応している。興味を引く画像であれば、読んでも

**■ ニュースレター冒頭には購読者数および
　市川氏の自己紹介が入る**

> こんにちは。新しく登録してくださったみなさん、ありがとうございます。
> 直近1週間の気候変動・脱炭素・Climate Tech関連の国内外のニュース・ト
> ピックをご紹介するニュースレターを配信している市川裕康と申します。継
> 続して読んでくださっているみなさん、いつもありがとうございます。おか
> げさまで「Climate Curation」は現在370名を超える方に購読頂いてます。
>
> 初めてご覧になる方は購読（無料）をお願いします
> 。もしニュースレターが有益と感じられたら、同僚、
> ご友人、或いはSNS等でご興味ありそうな方に共有い
> ただけたら嬉しいです☺。
>
> ✓ Subscribe
>
> 今週1週間を振り返った際に最も印象的だったのは、カナダの山火事による
> 米北東部を中心に広がる煙や深刻な大気汚染を伝える映像でした。

らえる確率が高まる。ヘッダー画像には、毎回のニュースレターのタイトルと、内容に関連した画像・写真を入れている。制作のためCanvaの有料プランを契約しており、ライブラリーに含まれている利用可能な画像を使うことも多い。ヘッダー画像は市川氏がテンプレートを制作しており、「毎回の画像制作時間は数分程度で済む」という。

　ニュースレターの制作・運用は市川氏一人ですべて担う。「フローが固まっていればニュースレターは一人でも配信できる」と市川氏は説明する。

 ## 人的ネットワークとブランド価値というアセット

　ニュースレターをどう自身のビジネスにつなげていくのか。市川氏は「まだ始めてそれほど時間が経っていないこともあり、現時点でニュースレターが直接受注につながっているわけではない」「2〜3年続けた先にビジネスにつながればいいというスタンスで取り組んでいる」としつつ、「すでに様々なアセット（資産）につながっている」と明かす。

　例えば、人的ネットワークだ。ニュースレターを続けるうちに、気候変動に関わる海外在住者から「話を聞かせてほしい」「今度日本に行くのだが会えないか」などと頻繁に連絡をもらうようになった。日本にいな

がらにして、「世界中にネットワークが広がっている実感がある」という。

　また、ブランド価値についてもアセットに含まれる。まだニュースレターを始めて1年と少し。しかし、それでも日本における「気候変動関連ニュースのキュレーター」として、一部の層に知られるようになった。日本で気候変動のニュースに詳しい人といえば市川氏、と認識してもらえるようになれば、と期待しているという。市川氏は「通常、個人や企業のブランディングに取り組もうと思えば、相当な時間とコストがかかる。しかし、ある程度ニッチな分野でニュースレターを配信し続ければ、それだけでブランディングにつながる」と、ニュースレターのブランディング面での有用性について説明する。

　メールというチャネルの可能性について、市川氏は大きな期待を寄せている。人によって使用するSNSは異なるし、SNSをやっていないというケースも近年目立つようになった。一方で、メールについて市川氏は「今後も人々が使わなくなることはないだろう。つまり、メールを活用すればコミュニケーション手段を一本化できる」と評価する。事実、大手金融機関に務めるSNSをやっていない知人が、市川氏のニュースレターを毎週楽しみにしてくれているという。

　「もちろんメールは万能というわけではない。しかし、マラソンのように長期戦で考えれば、これ以上のチャネルはほかにない。続けた分だけ購読者との関係が深まっていき、輪が少しずつ確実に広がっていくのだから」。市川氏はこれからも腰を据えてじっくりとニュースレター配信に取り組むつもりだ。

※参考 Web ページ
・Climate Curation（日本語版）：https://socialcompany.substack.com/
・Japan Climate Curation（英語版）：https://www.linkedin.com/newsletters/6926786820902969344

02 楽天市場の人気ショップ、開封率90%のメルマガ作成術

（ヒールアンドトゥ）

取材・執筆：三友直樹

―― 楽天市場で、女性向けのアパレル商品を扱うネットショップ「ヒールアンドトゥ・マイ・プレシャス・ページズ」。彼らの商品単価は1万円以上と、楽天市場の中では決して安くはないものの、ジャンル別売れ筋人気ランキングでは1位常連の人気店だ。

その人気ぶりは、「謎のネット通販の店」として日経の媒体でも取り上げられるほど。彼らが海外で発掘したこだわりのインポート商品などは、女性を中心に根強い支持を集めている。

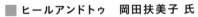

■ ヒールアンドトゥ　岡田扶美子 氏

 ## 書き手の人気（ひとけ）が伝わるコンテンツ

人気の要因はそれだけではない。特徴的な取り組みの一つが、彼らのメルマガだ。数多くの根強いファンが購読しており、その開封率は時に

今日は朝から色々と確認や
連絡することがあったので
数名スタッフが出勤していたのですが

そんな本日に、
誕生日を迎えたスタッフがおりまして
バレないように、こっそりとお祝いの準備を

私たちに快適さをくれるクーラーの風も
ソウソクの前だと天敵に変わり←
必死に手で風をガードです

90％を超えることもあるという。そのときどきの売れ筋やおすすめの商品を紹介するメルマガ。しかし単に商品を紹介するだけではない。いつもメルマガの冒頭は、書き手がフランクにつづる挨拶から始まる。

「週末に植物公園にいった話」「梅雨入り前にしたかったこと」「事務所の近くに咲いた桜の木」など、個人的な日常のエピソードが多い。売りたい商品をいきなり冒頭で紹介する、といったメルマガではない。

「商品説明というよりも、ここはどんなお店で、どんな人がいて、日々どんなことをしているかをまず伝えたいと思っています。人が運用しているメルマガなんですよ、という雰囲気が伝われば」。ネットショップの店長を務める岡田扶美子氏はこう話す。

1999年にネットショップを開設して以来、一貫して持ち続けている制作方針だ。岡田氏は「人気（ひとけ）」のあるコンテンツと呼ぶ。

 ## 人となりが伝わるメールで安心感を

コンテンツから人となりを醸し出すことにこだわるのには、理由がある。

ヒールアンドトゥが開設された1999年といえば、個人がメールアドレスを所有しているだけで最先端という時代。多くの人にとって、ネット上で靴を買うなど想像できない。

　「当時はクレジットカード払いもできなくて、郵便振替でやり取りしての後払い。商品はちゃんと届くのか？ ちゃんと支払ってもらえるのかと不安でした」

　今ではECサイトで靴や服を買うことは当たり前になったとはいえ、実際に手に取って検討できない環境で購入するハードルはある。ましてやヒールアンドトゥが販売する商品は、海外の職人の手仕事による靴や鞄など、希少で長く使い続けられるものが多い。

　「だから私たちの人となりを出さないと安心して買えないよね、と当初から思っていました」

　こうした彼らのこだわりは、単に顧客に安心してもらうだけでなく、親密な関係性を築くことにまで至る。

　例えばヒールアンドトゥでは、配送する商品と一緒に手書きのメッセージを同梱している。「以前に購入していただいたこの服はいかがでしたか？」「（購入者が住む）滋賀県は、これからこんなお祭りがありますね」など、一人一人の近況や購入履歴などを考慮したパーソナルな内容だ。

　また購読者から商品に関する問い合わせメールを受けた際にも、単なる回答だけで終わらせることはしない。趣味や季節の話題といった雑談も織り交ぜる。

　そのため、メール上で購読者とより密なコミュニケーションに発展することも多い。

　「ご自分の近況やペットのことを書かれるお客様もいます。そうした個人的なことに触れてくださるのは、私たちを信頼していただいているからだと思っています。その信頼には150%の力で応えたいです。お客様から熱量をいただいたら、それに見合った熱量でお返ししたい」

ラフでフランク、でも意図が込められた文章

　そんな彼らが日常的に配信するメルマガは、まさに書き手の人となりが伝わるクリエイティブだ。

　基本は話し言葉。顔文字なども多く使い、改行も頻繁に差し込む。企業が書いた文章を読み込んでいるというより、友人からLINEで送られてきたメッセージを目にする感覚になる。

　「文章のように見えてほしくないんです。喋っているように感じてほしいですし、説明っぽくなると読む気が失せてしまうので。読みやすい文章のポイントは、行間の空け方や文字の配列のリズムだと思っています。変に整えすぎず、息継ぎがちゃんとできるイメージです」

　ただ一見してラフに書いているようにみえる文章だが、意図がしっかり込められている。商品を実際に手に取って検討できない環境であっても、具体的にイメージできるような情報を的確に伝えているのだ。例えば、6月に配信のメルマガで紹介されたワンピース。「夏はやっぱり黒いワンピが着たいのです」というコピーが配されている。

■ メルマガの商品紹介文の一例

そのコピーを目にしたとき、多くの購読者がまず感じるだろう懸念を
こう先取りする。

「"夏のブラック"は暑く見えそうだし、着ていても熱を吸収するん
じゃないか。と私もよく懸念しがちになるのですが」

次に、実はゆったりと涼しく着られるワンピースであるという特長
を、写真と共に伝えていく。ゆとりのあるサイズ感、肩まわりもゆった
り、脇下にあるマチによって動きやすさを確保、涼やかな素材、といっ
た具合に。

情報量は少なくないかもしれないが、まさに読み手が知りたいはずの
内容。それを書き手が自分の言葉で表現する。文章には遊びや余白があ
り、雰囲気のある写真も多用。こうした工夫によって、友だちのおしゃ
べりを耳にするような文に仕上がっている。

 ## 商品紹介の執筆、まずは自分で着てみてから

メルマガで商品を紹介する際は、その特長を自分の言葉で書くことを
重視する。

「まずは自分で着て、自分で履いて、それから書こうね、という話をスタッフたちにしています。ネットに転がっている情報をそのまま書いても、うまく伝わらないと思うので」

例えば、商品について問い合わせをしてきた顧客の身長がわかったら、近い背丈のスタッフが実際に着てみる。

「この身長の人がこの服を着るとこう見えるのか。じゃあサイズはこれがよい、といった発見があります。それを文章に落としていきます。書いているときは、実況中継をしている感覚ですね」

反対に、書くべき内容が思いつかない。文章が出てこない、といったこともときにはある。

「紹介する商品のことがまだよくわかっていないときですね。一度わかってしまえば、スラスラ書けてしまうのですが。そんなときは、商品をもう一回手に取ってみよう、着てみよう、となります」

✉️ 写真の雰囲気が好き、という購読者にきてほしい

ヒールアンドトゥのこだわりは文章だけではない。アパレル商品の魅力を伝えるには、当然ながら写真が重要になる。

「商品を検討したいけどよくわからない、ということが起きないようにしようと思っています。だから商品写真を詳細に撮るんです。もしお客様が商品を手に取っていたら、こういう順に触るだろう、という順番で色々な角度から撮っていきます。例えば靴なら上から撮って、最後は靴底、というような流れです」

自分たちの世界観や価値観が伝わることも重要だという。

「やっぱりお店を選ぶときって、空気感が大事なんです。例えばフラっと入りたいなと感じたお店って、ディスプレイが好みだったりとかするので」

ヒールアンドトゥの写真は、すべて自然光で撮影されている。撮影で自然光を取りいれることができるように、事務所の窓も広くとられている。

■ 実際の店舗で商品を手に取るかのような購買体験を再現する

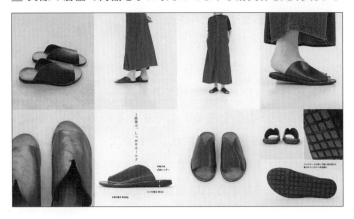

「服や靴の質感って、照明ではうまく伝わらないんです」

またヒールアンドトゥは、購読者を闇雲に増やすのではなく、自分たちに共感してくれる人が見てくれればよいという考えだ。そのために写真が大きな役割をもつという。

「うちで撮っている写真の雰囲気が好きなお客様であれば、おそらく私と趣味が合うのかもしれません。そうなれば、私は私のままで話すようにメルマガを書くことができます」

逆にWeb広告やSEOなどの集客施策によって、購読者を増やすことはむしろ避けたいと考えている。

「低価格やセールなどが目的で来られる方が増えてしまうと、スタッフにも負荷がかかってしまうんです。なんだか雰囲気が好き、と思ってくださる方に見ていただければ」

このように写真へのこだわりは強いが、撮影に手間暇をかけすぎることはしない。日常的な作業のため、無理なく継続できることも重要だからだ。

「撮影のために、三脚を置いたり面倒な作業が必要だったりすると続かないですよね。そうではなくスマホをパッと出して取れるようにします。そうすると続けやすくなるんです」

■ 自然光で撮られた優しい風合いの写真が特徴

📩 購読者と作り上げてきたメルマガ

　ヒールアンドトゥのメルマガは、1999年にネットショップが開設した当初から続いている。歴史は長い。その間に、商品やコンテンツに関する様々な疑問や要望に応えてきた。

　「服の作り手さんのストーリーが楽しかったと言われれば、じゃあもっと書いてしまおうとなりますね。また商品に関するお問い合わせも色々といただくので、段々と先回りというか、こういう質問がくるなと予想できてきます。それを見越してメルマガや商品ページにも盛り込むので、文量は年々増えているかもしれません」

　彼らのメルマガに会話するような雰囲気が漂っているのは、単に文章のテクニックによる影響だけではないだろう。購読者の疑問や要望を取り入れながら、共につくりあげてきたクリエイティブなのだ。

Chapter8　事例で見るメールマーケティング

03 BtoBのメールマーケティング、才流が教える実践メソッド
（株式会社才流）

取材・執筆：三友直樹

——— BtoB事業のマーケティング・セールス施策を積極的に強化する企業が増えているものの、知見やノウハウがない、といった声は多い。しかしこの領域でコンサルティングサービスを提供する株式会社才流（サイル）は、成果につなげるための「正しい型」は明確にある、というスタンスだ。こうした再現性のある方法論を同社は「メソッド」と呼ぶ。

✓ ほぼ毎日、1日2〜3通のメルマガを配信

BtoB事業を手掛ける中堅・大手企業を中心に、マーケティングやセールス、新規事業の立ち上げなどを横断的に支援する才流。実践経験の中で開発してきた独自のメソッドを元に、戦略立案から実行までを一気通貫で行う。

■ 株式会社才流　栗原康太 氏

また自社のメソッドをオウンドメディアやSNS、セミナー、書籍などで惜しみなく発信。こうした活動を通して獲得した新規の見込み客数は、月間1,000件以上に上る。

　その際に重要なチャネルの一つがメールだ。才流は、メソッドに関する解説記事やセミナー情報などを掲載したメルマガをほぼ毎日配信。1日の配信数は2～3通に上る。

　2016年に才流を立ち上げた栗原康太氏（代表取締役社長）は、「"コンテンツこそが会社のコアである"という認識を社員が持ってくれている」と話す。

　BtoB事業におけるメールマーケティングのノウハウや、才流としての取り組みを栗原氏に聞いた。

 ## メールマーケティングが必要な場合とは？

　一口にBtoBビジネスといっても、その商材特徴や形態は千差万別。その中でメールマーケティングの必要性が高くなるのはどのような場合か？ 栗原氏は、大きく2つのポイントを挙げた。

　「1つ目は、見込み客や既存顧客と常に接触しておく必要性が高い場合です。当たり前ではありますが、メールで日常的に接触することで、購買検討時に想起してもらいやすくする、プロダクトのリピート販売やクロスセルを狙う必要性が高い企業は、メールマーケティングとの相性がよいでしょう」

　才流が日頃から、メソッドの解説記事やセミナー情報などを積極的にメール配信する理由も同様だ。

　「我々のようなコンサルティングビジネスの見込み客による購買検討は、常に発生しているわけではありません。予算策定期に入った、課題に関する認識が明確になった、などのトリガーがあって始まります。その際、忘れずに問い合わせてもらうには、日ごろからの接触が重要です」

　そのためには、最低でも週1回は配信を続ける必要があるという。

2つ目は、購買検討が発生するタイミングを的確に把握する必要性がより高い場合だ。

「例えば大手企業を対象としたコンサルティングビジネスであれば、購買検討が発生するタイミングを把握することは必須です。通常、予算策定後に追加予算を申請することは難しいため、予算策定前に見込み客と会えるかどうかで、受注の可能性が決まってしまいます」

それでは顧客の購買検討が発生するタイミングにはどのような種類があるのか？それぞれの場合において、適切なアクションは何か？才流はこれを考えるためのメソッドを公開している。

タイミングキャッチの4象限

購買検討が発生するタイミングの種類を4象限で整理したメソッド。タイミングが発生するパターン（規則的・不規則）を縦軸、タイミングを把握するための情報取得方法（Webで情報が得られる・得られない）を横軸としている。

■ タイミングキャッチの4象限

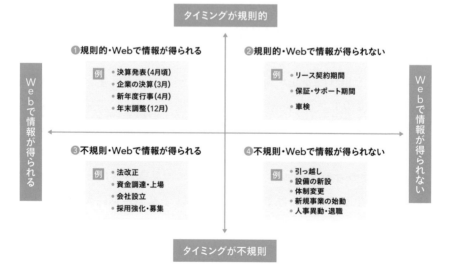

https://sairu.co.jp/method/20355/

この4象限を元に、見込み客や顧客の状態を整理することで、適切なアプローチを検討していく。

　例えば、あるノベルティ制作会社による事例。紙媒体を使ったダイレクトメール施策になるが、Webメールにも応用できる内容だ。同社のサービスであるノベルティ制作へのニーズが特に増えるタイミングの一つは、会社の設立直後。つまり左上の象限（タイミングが規則的・Webで情報が得られる）だ。

　そこで国税庁に登録された登録番号や外部サイトなどを参照しながら、ターゲット企業の設立時期を把握。設立のタイミングに合わせて、サンプルを同梱したダイレクトメールを送付する、といった施策だ。

　またそれぞれの象限において必要な取り組みのポイントについて、才流は次のようにまとめている。

　発信者が狙ったタイミングでコンテンツを届けることができるメールだからこそ、タイミングキャッチの有効な手段として使えるはずだ。

■ **タイミングキャッチのための取り組み**

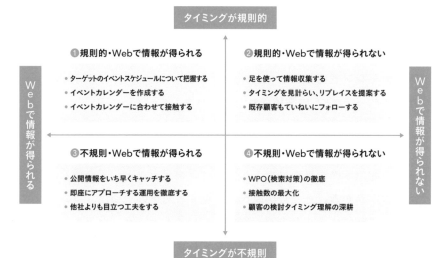

https://sairu.co.jp/method/20355/

✉ よくある課題、配信ネタ不足の対策は？

　いざメールマーケティングを始めても、長期に渡って運用し続けるのは簡単ではない。数多くのクライアント企業を支援してきた才流が、よく目にする課題は何だろうか？

　「そもそもメールで配信するコンテンツがない、という企業が圧倒的に多いです。メールマーケティングでつまずくケースの9割以上は、コンテンツ不足が原因となっている印象です」

配信ネタ、社内で発掘

　そもそも配信するネタはどのように探せばよいのだろうか？

　「BtoB ビジネスであれば、顧客と日常的に接触する営業担当者が一番顧客の興味・関心を把握しているケースが多いです。そのため顧客によく質問される項目を彼らからヒアリングした上で、それに対する回答をコンテンツ化するというのは、やり方の一つとしてお勧めです」

　また配信コンテンツの種が社内に眠っているケースも少なくない。例えば次のような「種」があれば、メール配信用に加工してコンテンツ化する余地が大きいという。

- ■ 過去のセミナー内容
- ■ 業界のトレンド情報
- ■ 社内（イントラなど）に蓄積されたノウハウ

コンテンツを分割して配信

　一方で配信ネタを見つけたとしても、コンテンツとして発信し続けるには労力がかかる。そこで栗原氏が推奨する対策の一つは、コンテンツを分割して配信するやり方だ。記事やホワイトペーパーなどを作ったとしても、すべての内容を一度に配信してしまうのはもったいない。テーマやトピックごとに分けて、複数回に渡って小出しにするのだ。

■ 配信ネタ不足を解消する3ステップ

　「例えばいま受けているインタビューにも、いくつかのトピックが含まれています。これを1本の記事として一度に配信するのではなく、"メールの配信ネタ不足への対応策"といったいくつかのテーマに分割して、複数回に渡って配信するイメージです」

　実際に才流の支援企業では、過去に作ったホワイトペーパーの内容を10分割した上で、10本のメールとしてそれぞれ配信したところ、高い開封率を記録したほか、購読者の態度変容にも好影響を及ぼすことができたという。

 才流のメルマガ制作、コアは顧客の困りごと

　才流自身は、どのようにメルマガを制作しているのか？

　配信ネタの核となるのは、営業やコンサルティングの現場にて、顧客から発せられた疑問や質問だ。

　「弊社の場合、記事やセミナー、書籍といったコンテンツを作るのは、コンサルタント自身です。日々お客様と接している人間がコンテンツを

■ 顧客の困りごとを核にしたコンテンツ制作の流れ

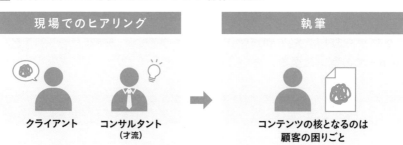

■ コンテンツ発信までのフロー

1	トリガー	● 顧客からの質問
2	企画	● Slackのワークフローで起案　● 定例会議の場で議論
3	情報収集	● コンサルタントが持つ知見　● 社外の事例の取材　● 調査アンケート ● 社内のNotionやSlack　● 社外の有識者への取材・監修
4	コンテンツ作成	● コンサルタントが執筆
5	編集	● インハウスエディターが編集
6	公開	● Twitter、メルマガで告知

https://sairu.co.jp/method/16893/

作るようにしているので、お客様の関心にマッチした内容を盛り込むことができます」

　また顧客に対する理解を深める取り組みは、現場に出るコンサルタント以外のメンバーにも及ぶ。

　「社内の制作担当者に対しては、コンサルティングワークの様子を撮影した動画を閲覧してもらう、商談に同席してもらう、才流の事例コンテンツを制作する一環として顧客に取材する、といった機会を設けています」

　コンテンツ制作のコアとなる顧客ニーズを全員が体感できるよう、社を挙げて取り組んでいるのだ。こうした核となる顧客ニーズを吸い上げた後は、社内での企画会議や執筆などを経て、最終的にメルマガやTwitterでの配信に至る、という流れだ。

☑ 配信頻度と配信解除率の関係は？

　またメルマガに関してよくある疑問の一つが、配信頻度。配信頻度を

高めてしまうと、停止率が上がってしまうのでは、といった懸念だ。栗原氏はこう話す。

「基本的には、購読者の興味関心に沿ったお役立ち情報であれば、配信頻度を増やしても問題ないのではと考えています。私たち自身のメルマガや過去に支援した企業でも、問題はみられませんでした。また配信頻度と配信停止率の高さは、必ずしも相関しないことを示す外部の調査データも出ています」

実際、才流がメルマガの配信頻度を月1,2通から、現在の1日2,3通に増やしたところ、開封率やクリック率、配信停止率はむしろ改善したという。現在、才流の購読者数は1万件以上（取材時）。非常に高い頻度で配信する中でも、開封率は20%以上、配信停止率は0.1%以下、という優れた数値を残している。

「ユーザーに役立つコンテンツであれば、配信頻度の高さを気にする必要はありません」

自社を訴求するタイミングは？

購読者の情報ニーズに沿ったお役立ち情報を、日々配信する。一方で、自社サービスに関する情報は、いつ伝えているのだろうか？

「サービス紹介は、弊社の事例紹介セミナーに参加いただく、サービス紹介資料をダウンロードいただく、といったタイミングでお伝えするようにしています」

つまりサービスへのニーズが顕在化していない相手に対しては、すそ野が広いお役立ち情報を発信しつつ、ニーズが顕在化し始めたとみなせるタイミングで、サービス情報を紹介する流れだ。闇雲に自社を訴求するようなことはせず、相手のニーズに合わせて徐々に配信内容を変えていく。このメソッドを同社は「階段設計」と呼んでいる。

■ **商談までのなめらかな階段を設計する**

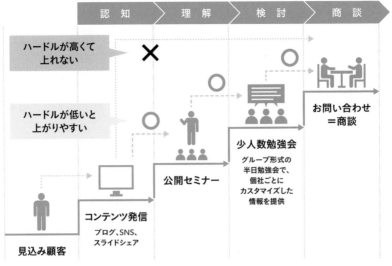

https://sairu.co.jp/method/5586/

 KPI設計のポイント

　メールマーケティングの数値成果は、どう計測すればよいだろうか？当然ながら目的によって変わる、と栗原氏は話す。

　才流によるメルマガの場合、主な目的は、「メソッドカンパニー」として再現性のある方法論を広く周知すること。そのために把握したい内容としては、メルマガやその先のコンテンツがどれだけ閲覧されているか。そうなると、主な指標は開封率とクリック率、配信停止率だ。

　もちろんメールによる販売貢献をより重視するケースもある。栗原氏は一例として、製造業の取り組み例を挙げた。

　「メルマガを週に1,2回の頻度で配信し、その度に数多くの商談が発生している企業の例です。主な手段としては、製品資料のダウンロード、見積依頼など、プロダクトへのニーズが顕在化し始めたとみなせる明確なコンバージョンポイントをメルマガごとに設定しています。その上で、コンバージョンした人に対して、営業担当者が電話でアプローチ

する流れです」

　この事例におけるメールの役割は、営業がアプローチできる見込み客を抽出すること。こうした商談化目的のメールマーケティングであれば、開封率やクリック率にとどまらず、次のような指標をはじめ、より深い数値まで把握する必要があるという。

- 資料ダウンロード数／率
- 商談化数／率

 ## 「メソッドカンパニー」としての役割

　BtoB事業でのメールマーケティングの実施有無について、栗原氏はこう話す。

　「メールは最も費用対効果のよいマーケティング施策の一つと言われるため、試してみる価値は高いでしょう。ただ絶対にやる必要があるわけではありません。リスティング広告やテレアポなど、他の手段の効果とも比較して優先順位を決めるべきです」

　そして、いざメールマーケティングを始めると、中長期の取り組みになるだけに、施策の途上では数多くの問題に直面しやすい。

　解決方法を毎回ゼロから探すのではなく、再現性のある方法論をその都度取り入れることができれば、大きなショートカットになる。だからこそ、そうしたメソッドの開発・発信をビジョンに掲げる才流の役割は大きいと言えそうだ。

04 商品の物語がにじみ出る
メールを配信したい
（中川政七商店）

取材・執筆：三友直樹

—— 店舗を訪れた顧客の心に寄り添った接客で、心地のよいブランド体験を味わってもらう。日本の工芸を中心とする生活雑貨を扱う中川政七商店は、この接客姿勢をメール配信でも再現しようとしている。

1716年に奈良の地で創業した中川政七商店。現在は「日本の工芸を元気にする！」をビジョンとして、全国の工芸メーカーと共に生み出した生活雑貨を、約60の直営店やオンラインショップで販売する。代表商品に奈良の工芸「かや織」をいかした「花ふきん」がある。

同社にとって、接客の目的は単に商品を売ることではない。相手の心にしっかり接することで、心地のよいブランド体験を提供する。それによってブランドや会社自体に信頼感や好感を持ってもらうことを目指す、「接心好感」という独自の接客姿勢がある。

しかしメールを含めたデジタル空間では、当然ながら互いの顔が見え

■ 中川政七商店　中田勇樹 氏

■ 中川政七商店の商品ラインナップ

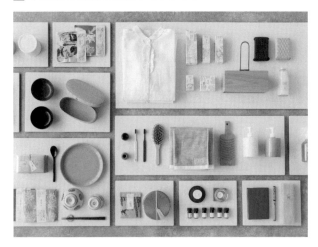

■ 中川政七商店によるメルマガの一例

ない。そうした中で、相手が望む買い物体験を実現するハードルは高い。

「店舗での接客同様のブランド体験をデジタル上でも味わってもらいたい。これが戦術レベルでの課題感です」と中田勇樹氏（BCSプロジェクトマネージャー）は話す。

中川政七商店が大切にする接客姿勢を、メールマーケティングでどう

実現するのか？ 現状の取り組みについて、中田氏に話を聞いた。

 千差万別な購読者ニーズ

　少しでも店舗に近い水準のブランド体験をデジタル上でも提供する。その実現に向けて同社がまず目指すことは、店舗での接客と同じく相手のニーズに応えること。そのニーズを元に、適切な情報を届けるのだ。

　とはいえ、メルマガ購読者の興味関心や購買行動は千差万別だ。

　商品の機能やデザインをきっかけにファンになったばかりのライト層。そこから関係性が強くなるにつれて、商品の品質や背景にある物語、さらに同社のビジョンにまで魅力を感じて購入するヘビー層に至るまで、ファン層のすそ野は幅広い。

　商品の選び方も、特定商品のリピート購入や、高価格帯商品の購入など様々。また若年層には贈りものの需要が高い傾向があり、その贈りものを購入する際も、自身で時間をかけてじっくり選びたい人たちもいれば、元々提案されたおすすめのセットを買いたい人たちもいるそうだ。

　つまり顧客の興味関心は多様。対象となる商品も多彩。しかしデジタル上では、買い手と売り手の顔は互いに見えない。こうした状況で、どのようにニーズに応えるメール配信を実現しようとしているのか？

　中川政七商店は、まず購読者の興味関心を把握するための設計に注力していた。

 購読者ニーズを把握する「共感度」スコアとは？

　顧客の興味関心に応じてメールを配信する。その前段となる顧客理解に向けて、同社が設計したのが「共感度」と呼ばれるスコアだ。

　CRM（顧客情報管理ツール）で管理・計測する同スコアによって、商品やブランドへの興味関心の内容や度合いを把握する。スコアの高さに応じて、よりニーズに応えたメールを出し分ける仕組みになる。

一口に「共感度」といっても、同社が把握したい内容は商品関連にとどまらない。ブランドの世界観やビジョンへの興味関心や共感度も重視する。計測対象を購入意向に絞ってしまうと、ブランドにとって大切な会員を把握しきれない恐れがあるのだ。

「例えば私たちのコンテンツをたくさん読んでくださる、さらにイベントにも参加してくださる方がいたとします。商品を購入したことはないが、周囲にすすめてくださる。こうした会員の方に対しても、おすすめしたい商品やイベントのご案内など、適切な情報を発信する余地は非常に大きいです」

そのために次の3つの「共感度」スコアを使い分けている。

- プロダクト軸：商品への興味関心・共感度
- ライフスタイル軸：ブランドのコンセプトや世界観への興味関心・共感度
- ライフスタンス軸：会社のビジョンや価値観への興味関心・共感度

3つのスコアを元に興味関心や共感度を把握することで、よりニーズに応えたメールを配信できるようにする。しかしそれを実現できるCRMが世の中に見当たらなかったため、自社独自のシステムを開発してしまう徹底ぶりだ。

この独自CRMを活用した取り組みの一つが、「100日プログラム」と呼ばれるメール配信施策だ。

 ## メール配信プログラム、まずは購読者ニーズの把握から

「100日プログラム」では、購読者の興味関心に応じてメールを出し分けることを目的とする。具体的にはシナリオメールやステップメールの組み合わせだ。

とはいえ、購読直後からメールを詳細に出し分けることはしない。購

■「100日プログラム」の配信イメージ

登録から100日間

**新規登録者の
興味関心（共感度）を
把握する期間**

登録から101日目以降

**把握した興味関心（共感度）に
応じて、より適切な
メールを出し分ける期間**

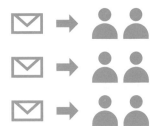

読時のステータスごと（仮会員・メルマガ会員・本会員）に分岐が多少異なる程度だ。

　「最初の100日間では、まず購読者の興味関心を理解することが目的です。その100日間で把握した"共感度"に応じて、101日目からよりニーズに応えた出し分けをしていく、という方針です」

　例えば、商品を購入したばかりの新規会員向けであれば、まず購入商品の使い方をシナリオメールで送付する。その後、ブランドとの関係性を築くため、今度はブランドに関する情報をステップメールで送付する、といった設計だ。

 ## 適切な訴求、商品情報が中心では難しい場合も

　しかし、優れた顧客体験を実現できるだけの配信プログラムを運用することは、一筋縄ではいかないようだ。うまく工夫しないと、一度に大量のシナリオ・ステップメールが配信されてしまうなど、かえって心地よいブランド体験とはいえない事態になってしまうのだ。

　「例えば、様々な商品の詰め合わせギフトを購入していただいたとします。その場合、より商品に興味を持っていただくために、ギフト内の商品に関連するメールを購入後に送りたくなりますが、それでは購入直

配信プログラムで起こり得る事態

様々な商品が詰まった
ギフトセットを購入

個々の商品に関するメールが
数多く届く事態に

数量の少ない商品を購入

関連する他の商品がない、
もしくは売れ切れているケースも

後のメール配信量がやたらと多くなってしまいます」

また次の配信ネタが出しづらい場合もある。

「私たちが商いにしている工芸は、大量生産のものづくりではないため在庫が多くあるわけではありません。購入者に対して次の関連商品情報を送ろうとすると、売り切れているケースもあります」

一方で「ふきん」のように、定番品として通年で製造があり、在庫量という点では問題になりづらい商品を案内する選択肢もあるが、これも解決策にはなりづらい。

「例えば、雛飾りを購入していただいた方に対して、次に送る内容がふきんの紹介情報では、関連が薄く違和感が出てしまいます」

つまりメール配信の出し分け軸を、個々の商品レベルにまで絞ってしまうと、購読者の興味関心に応じた配信の余地が限られてしまうのだ。

 ## 商品によるライフスタイル提案が有効

そこで、複数の商品を「生活」という粒度でまとめる編集が重要にな

■ 商品軸での訴求と、ライフスタイル軸での訴求

商品軸での訴求の場合

それぞれの商品を個別に訴求すると、
唐突な提案になりやすい

ライフスタイル提案軸での訴求の場合

商品を使った生活提案という
編集によって、より自然な商品訴求が可能に

■ ライフスタイルコンテンツの一例

るという。つまり「共感度」スコアでいうライフスタイル軸の話だ。

　ライフスタイル提案という、すそ野が広いトピックの中で商品をまとめることで、唐突な訴求が発生しづらくなる。また商品を使った暮らし方のイメージが沸くことで、興味関心がより高まる効果も期待できる。

　「例えば、"ひと手間を楽しみたくなる台所道具"といったまとめ方であ

れば、ぬか漬け容器や保存瓶といった複数の商品を違和感なく編集できます。こうしたライフスタイル軸のコンテンツ閲覧者に対して、商品情報を掲載したシナリオメールを配信する、という流れも可能になります」

　より幅広いジャンルの商品購入やページ閲覧によって、「共感度」スコアが上がるライフスタイル軸。このスコアを上げる訴求は、工芸という多種少量生産の商品を基本とする中川政七商店との相性がよい側面もあるようだ。

　「私たちの商品は、ずっと長く使い続けたいと思っていただけるようなものづくりをしています。その前提の中で新たな商品をご案内しようとすると、必然的に様々なジャンルの商品に触れていただくことになります」

　仮に販促を強化したいのであれば、単純にプロダクト軸の「共感度」スコアを上げればよい、というわけではないのだ。

　「ライフスタイル軸に関する話、つまりブランドのコンセプトや世界観が伝わることで、商品にも興味を持っていただき、ひいてはプロダクト軸のスコアも徐々に高まると想定しています。だから3つのスコアの中でも重きを置いているのは、どちらかというとライフスタイルやライフスタンスのほうです」

　それは単なる販促に関係なく、中川政七商店がそもそも目指す方向性でもある。

　「私たちの商品を使った暮らし方や、商品の背景にある物語。それが滲みでるようなコミュニケーションをしたい、という想いがあります。まだまだ伝えきれていない部分もあるため、今後もメールを通してしっかりとお伝えしていきたいです」

 ## 中川政七商店のメール制作、2つのこだわり

　メールを制作するにあたって、中川政七商店がこだわるポイントは何だろうか？

■ メルマガ冒頭文の一例

皆さまこんばんは。金曜の夜いかがお過ごしですか。

雨の日独特の蒸し暑さが続き、夏が近づいてきた感じがしますね。
週末、ちょっといいビールを飲むのが、これからの季節の楽しみです。

意識しなければ単調な日々になってしまうので、週末はちょっとだけ特別なことをするよう心が
けています。お花を飾ったり、時間のかかる料理を作ったり、ちょっといいビールを飲んだり。
本当に些細なことですが、そういうことの積み重ねでリズムを整えています。

■ ブランドの価値観や世界観を伝えるクリエイティブの一例

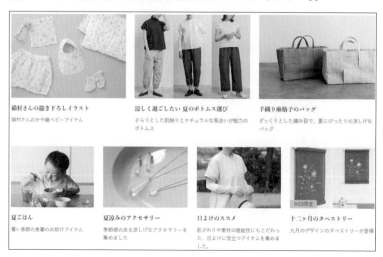

「大きい点としては2つあります。1つは、人間味がある文章をきちん
と書くこと。顔が見えないデジタル媒体だからこそ、書き手の気持ちを
込めることがより重要です」

中川政七商店のメルマガは、年末の大掃除や梅雨時に咲いた紫陽花な
ど、季節にちなんだちょっとしたエピソードから始まるのが定番だ。

「2つ目は画像です。中川政七商店が提案する価値観や世界観に興味
を持っていただく上で、入り口となる画像を、とても大切にしていま
す。外部のカメラマンさんに撮影いただくケースも多いですが、社内に

撮影スタジオがあるので、社員自身も日常的に撮影しています。「今」欲しい写真を即座に撮り、メルマガに活用する仕組みができていると思います。

　またこうしたお客様のブランド理解に大きく関わる画像や言葉といったクリエイティブ表現は、日々中川政七商店で働く社員だからこそ体現できると思っています」

　創業以来300年に渡って、工芸がある暮らしの豊かさを大切にしてきた中川政七商店。伝統を継承しつつも、デジタルという新しい手段も取り入れながら、工芸を未来につなぐために尽力している。

メールマーケティングの未来

田中森士

　最後に、メールマーケティングの未来に思いをはせてみたい。欧米のメールマーケティングの専門家らの意見を総合すると、AIを活用したパーソナライゼーション、ユーザー生成コンテンツ、プライバシー対応がキーワードとなりそうだ。

　ChatGPTに代表されるように、AIの進化は目を見張る。マーケティングテクノロジーツールの業界においても、AIの活用が進んでいる。近い将来、AIを活用したパーソナライゼーションはさらに進化するであろう。セグメンテーションではなく、IDに紐づける形で、配信のタイミングや届ける情報を、一人ひとりに合わせて自動かつリアルタイムに高い精度でカスタマイズする。このようなパーソナライゼーションを超えた「ハイパーパーソナライゼーション」が、近い将来安価に利用できるようになると予想する。

　オンラインレビューをはじめとするユーザー生成コンテンツをメールに含めることは、一般化する。同時に、メールマーケティングにいかにして双方向性を持たせるかという研究も進むだろう。プライバシー規制は今後ますます厳しくなることが予想されるため、メールマーケティングにおけるプライバシーへの配慮もより慎重さが求められるようになる。

　上記の予測の中には、対応が難しそうに思えるものもあるかもしれない。しかし、数字ではなく一人の人間とメールをやり取りしているという意識を強く持てば、いずれもクリアできる。

　本書で述べてきた内容は普遍性があり、メールマーケティングを取り巻く環境がどう変わろうとも色あせない。本書の内容を参考に、どっしりと構えて、人間味のある倫理的なメールマーケティングに取り組んでいただきたい。

田中 森士 (たなか・しんじ)

**コンテンツマーケティングコンサルタント／
株式会社クマベイス代表取締役 CEO ／ライター**

1985 年熊本市生まれ。熊本市在住。熊本大学大学院修了後、熊本県立水俣高校講師、産経新聞記者を経て、2015 年にコンテンツマーケティングのエージェンシー・クマベイスを創業。クライアントワークに取り組む一方で、海外のマーケティング系カンファレンスやマーケティング成功事例の現場に足を運び、マーケティングの最前線を追い続けている。長年メールマーケティングに取り組んでおり、毎週水曜発行のクマベイスメルマガは 2023 年 8 月に 350 号を突破した。Forbes JAPAN Web 版、日経クロストレンド、Yahoo! ニュース個人などで執筆中。著書に『カルトブランディング』（祥伝社新書）、共著に『マーケティング ZEN』（日本経済新聞出版）。

個人ページ：https://link.v1ce.co.uk/aaeicn/824626
クマベイス：https://kumabase.com/

三友 直樹 (みとも・なおき)

BtoB マーケター

1984 年生まれ。2007 年サンフランシスコ州立大学国際関係学部卒業。IT 系ネットメディアの編集・記者を経て、2011 年より通信社の記者としてシンガポール、インドで勤務。現在は医療系の AI 機器を開発するスタートアップにて、BtoB マーケティングに従事。オウンドメディアの開発や運営、リードナーチャリング、インサイドセールスの立ち上げなど、幅広い領域で活動する。

メール：naomito386@gmail.com

制作スタッフ

ブックデザイン　山之口正和＋齋藤友貴（OKIKATA）
編集　　　　　　伊豆田朋子（株式会社ウイリング）
DTP　　　　　　クニメディア株式会社

編集長　　　　　後藤憲司
担当編集　　　　熊谷千春

メールマーケティング
嫌われないメルマガのすべて

2023 年 9 月 11 日　　　初版第 1 刷発行

著者　　　　田中森士　三友直樹
発行人　　　山口康夫
発行　　　　株式会社エムディエヌコーポレーション
　　　　　　〒 101-0051　東京都千代田区神田神保町一丁目 105 番地
　　　　　　https://books.MdN.co.jp/
発売　　　　株式会社インプレス
　　　　　　〒 101-0051　東京都千代田区神田神保町一丁目 105 番地
印刷・製本　日経印刷株式会社

■カスタマーセンター

造本には万全を期しておりますが、万一、落丁・乱丁などがございましたら、送料小社負担にてお取り替えいたします。
お手数ですが、カスタマーセンターまでご返送ください。

落丁・乱丁本などのご返送先
　〒 101-0051　東京都千代田区神田神保町一丁目 105 番地
　株式会社エムディエヌコーポレーション カスタマーセンター
　TEL：03-4334-2915
書店・販売店のご注文受付
　株式会社インプレス　受注センター
　TEL：048-449-8040 ／ FAX：048-449-8041

内容に関するお問い合わせ先
株式会社エムディエヌコーポレーション カスタマーセンター メール窓口
info@MdN.co.jp
本書の内容に関するご質問は、E メールのみの受付となります。メールの件名は「メールマー
ケティング　質問係」とお書きください。電話や FAX、郵便でのご質問にはお答えできません。
ご質問の内容によりましては、しばらくお時間をいただく場合がございます。また、本書の
範囲を超えるご質問に関しましてはお答えいたしかねますので、あらかじめご了承ください。

ISBN978-4-295-20450-3　C0030